W0223120

torino 200

AUSTRIA
AUSTRIA

SPYDER
reusch

Robert Seeger
Peter Frauneder

# OLYMPIA
# IN ROT-WEISS-ROT

51 Sternstunden
des Wintersports

Inklusive umfangreichem Statistikteil

UEBERREUTER

ISBN 978-3-8000-7457-0
Alle Rechte vorbehalten. Das Werk darf – auch teilweise –
nur mit Genehmigung des Verlages wiedergegeben werden.
Covergestaltung: Kurt Hamtil, Verlagsbüro Wien
Coverfotos: Klaus Titzer/First Look/picturedesk.com (Robert Seeger); Olivier Maire/EPA/picturedesk.com (Benni Raich); picturedesk.com (Hermann Maier); GEPA Pictures /Heiko Mandl (Thomas Morgenstern, Armin Kofler, Michaela Dorfmeister); GEPA Pictures/Mario Kneissl (Felix Gottwald); GEPA Pictures/Simon Hausberger (Andreas und Wolfgang Linger); GEPA Pictures (Toni Sailer).
Copyright © 2010 by Verlag Carl Ueberreuter, Wien
Gedruckt in Österreich
bei Ueberreuter Print
7 6 5 4 3 2 1

# INHALT

BRIKO
torino
3

# BENJAMIN RAICH

# MEIN SCHÖNSTER TRAUM

Olympiasieger zu werden, war das allergrößte Ziel meiner Karriere. Das begann eigentlich schon, als ich noch nicht einmal zehn Jahre alt war. Die Winterspiele in Calgary 1988 waren die ersten, die ich bewusst miterlebte: vor allem die Goldmedaille von Hubert Strolz, der so oft „nur" Zweiter gewesen war und dem diesen Triumph deshalb alle ganz besonders gönnten.

Das alles war für mich natürlich sehr, sehr weit weg. Aber ich fühlte sogar als Kind vor dem Fernseher, dass das etwas viel Größeres, viel Bedeutsameres sein musste als all die Weltcuprennen, bei denen ich davor mitgefiebert hatte: die Eröffnungszeremonie, die fünf Ringe, die überall zu sehen waren, die Hymnen, die Flaggen, die Freudentränen der Sieger und die Niedergeschlagenheit der Verlierer. In der Gesamtheit ergibt das eine ganz besondere, unvergleichliche Atmosphäre, die ganz spezielle Emotionen auslöst. Bei den Athleten ebenso wie bei den Fans. Einzigartig, wie Olympia eben ist. Und mir war schon damals klar: Dort will ich auch einmal hin.

Als 2006 meine erste Goldene im Riesentorlauf feststand, wurde ich von meinen Gefühlen übermannt wie nie davor in meiner Karriere. Es fiel so viel Druck ab, ich spürte Erleichterung ebenso wie eine gewisse Genugtuung. Unendlich viel Freude und Glück, in meinen Gedanken und um mich herum: Ich sah, wie sich meine Eltern, meine Freundin Marlies und alle, die an meinem Erfolg beteiligt waren, mit mir freuten. Der zweite Sieg im Slalom war wie eine wunderschöne Draufgabe, eine zusätzliche Krönung dieser für mich so traumhaften Spiele.

Österreich hat eine Vielzahl an erfolgreichen Wintersportlern, die, umgelegt auf die Einwohnerzahl unseres kleinen Landes, geradezu sensationell ist. In diesem Buch werden sie und all ihre olympischen Erfolge nochmals gewürdigt.

Für mich ist es eine Ehre, ein Teil davon zu sein.

Benjamin Raich, Doppel-Olympiasieger

torino 2006
144

## ROBERT SEEGER & PETER FRAUNEDER

# 51 STERNSTUNDEN

Österreich hatte schon immer viele große Sportler in den verschiedensten Sportarten. Niki Lauda und Thomas Muster schafften in der Formel 1 und im Tennis den Sprung an die Weltspitze. Auch so manche unserer oft geschmähten Fußballer spielten oder dribbelten sich ins internationale Rampenlicht. Aber wie es in den ersten Worten unserer Hymne so schön und treffend heißt, sind wir das „Land der Berge": Man muss als Österreicher einfach ganz besonders stolz auf seine Wintersportler und ihre Erfolge sein – angeführt vom unvergessenen Toni Sailer, der mit seinen drei Goldenen 1956 zum Idol einer ganzen Generation und zum Symbol für die Aufbruchstimmung eines von Kriegswirren gebeutelten Landes wurde.

Dank ihm und all den anderen erfolgreichen Athleten nimmt unser mit nur rund acht Millionen Einwohnern kleines Land in der ewigen Medaillen-Bilanz der Olympischen Winterspiele den sensationellen fünften Platz ein – inmitten von Großmächten wie den USA oder Russland. Insgesamt 54 österreichische Wintersportler dürfen sich Olympiasieger nennen, wobei es wie im Viererbob, in den Teambewerben der Springer und Kombinierer oder im Paarlauf für einen Sieg mehrere Goldene gab. 51 österreichische Siege. Mehrfach-Triumphe wie jene von Toni Sailer, Benni Raich und so weiter mitgerechnet, gab es seit den ersten Winterspielen in Chamonix 1924 zu feiern, was auch die Zahl am Cover erklärt.

Dieses Buch soll mit seinen Geschichten und Anekdoten auch Sie nochmals an diese 51 Sternstunden erinnern: an historische Siege, an wundersame sportliche „Auferstehungen", an Freudentränen und an glorreiche Helden.

Zum anderen ist es aber auch das einzige Nachschlagwerk, in dem Sie die Ergebnisse ALLER österreichischen Olympia-Starter finden: ein Who's who der Olympischen Winterspiele in Rot-Weiß-Rot mit allen Fakten, Daten und Zahlen.

Als Berichterstatter des ORF beziehungsweise der „Kronen Zeitung" durften wir viele dieser Erfolge persönlich miterleben und gemeinsam mit unseren Sportlern ihre Triumphe feiern. Ihnen widmen wir dieses Buch und ihnen gilt auch unser ganz großer Dank: Ohne diese Fülle an Helden und ihren Helden-Geschichten wären viele dieser Seiten weiß geblieben . . .

Robert Seeger, Peter Frauneder

# DIE GOLD-STARS

## 51 GOLD-MEDAILLEN – 54 OLYMPIONIKEN

| | | | |
|---|---|---|---|
| 3 | SAILER | Toni | 1956 CORTINA ABFAHRT + RIESENTORLAUF + SLALOM |
| 2 | DORFMEISTER | Michaela | 2006 TURIN ABFAHRT + SUPER-G |
| 2 | GOTTWALD | Felix | 2006 TURIN NORD. KOMBINATION SPRINT + TEAMBEWERB |
| 2 | JOCHUM-BEISER | Trude | 1948 ST. MORITZ KOMBINATION + 1952 OSLO ABFAHRT |
| 2 | KRONBERGER | Petra | 1992 ALBERTVILLE SLALOM + KOMBINATION |
| 2 | MAIER | Hermann | 1998 NAGANO SUPER-G + RIESENTORLAUF |
| 2 | MORGENSTERN | Thomas | 2006 TURIN GROSSSCHANZE + TEAMBEWERB |
| 2 | RAICH | Benjamin | 2006 TURIN RIESENTORLAUF + SLALOM |
| 2 | SCHÄFER | Karl | 1932 LAKE PLACID + 1936 GARMISCH EISKUNSTLAUF MÄNNER |
| 1 | APPELT | Ingo | 1992 ALBERTVILLE VIERERBOB |
| 1 | BERGER | Alfred | 1924 CHAMONIX EISKUNSTLAUF - PAARLAUF |
| 1 | BIELER | Christoph | 2006 TURIN NORDISCHE KOMBINATION TEAMBEWERB |
| 1 | EBERHARTER | Stephan | 2002 SALT LAKE CITY RIESENTORLAUF |
| 1 | ENGELMANN | Helene | 1924 CHAMONIX EISKUNSTLAUF - PAARLAUF |
| 1 | FEISTMANTEL | Josef | 1964 INNSBRUCK RENNRODEL DOPPELSITZER |
| 1 | GRUBER | Michael | 2006 TURIN NORDISCHE KOMBINATION TEAMBEWERB |
| 1 | HAAS | Christl | 1964 INNSBRUCK ABFAHRTSLAUF |
| 1 | HAIDACHER | Gerhard | 1992 ALBERTVILLE VIERERBOB |
| 1 | HINTERSEER | Ernst | 1960 SQUAW VALLEY SLALOM |
| 1 | HOFFMANN | Christian | 2002 SALT LAKE CITY 30 KM LANGLAUF |
| 1 | HUNYADY | Emese | 1994 LILLEHAMMER EISSCHNELLAUF 1500 M |
| 1 | INNAUER | Toni | 1980 LAKE PLACID SKISPRUNG NORMALSCHANZE |
| 1 | KLAMMER | Franz | 1976 INNSBRUCK ABFAHRTSLAUF |
| 1 | KOCH | Martin | 2006 TURIN SKISPRINGEN TEAMBEWERB |
| 1 | KOFLER | Andreas | 2006 TURIN SKISPRINGEN TEAMBEWERB |
| 1 | LINGER | Andreas | 2006 TURIN RENNRODEL DOPPELSITZER |
| 1 | LINGER | Wolfgang | 2006 TURIN RENNRODEL DOPPELSITZER |

| | | | |
|---|---|---|---|
| 1 | MOSER-PRÖLL | Annemarie | 1980 LAKE PLACID ABFAHRTSLAUF |
| 1 | NEUNER | Doris | 1992 ALBERTVILLE RENNRODEL EINSITZER |
| 1 | OPPELT | Kurt | 1956 CORTINA EISKUNSTLAUF PAARLAUF |
| 1 | ORTLIEB | Patrick | 1992 ALBERTVILLE ABFAHRT |
| 1 | PALL | Olga | 1968 GRENOBLE ABFAHRTSLAUF |
| 1 | PLANCK-SZABO | Herma | 1924 CHAMONIX EISKUNSTLAUF |
| 1 | REITER | Mario | 1998 NAGANO KOMBINATION |
| 1 | SCHMID | Manfred | 1968 GRENOBLE RENNRODEL EINSITZER |
| 1 | SCHNABL | Karl | 1976 INNSBRUCK SKISPRUNG GROSSSCHANZE |
| 1 | SCHNEIDER | Othmar | 1952 OSLO SLALOM |
| 1 | SCHROLL | Thomas | 1992 ALBERTVILLE VIERERBOB |
| 1 | SCHUBA | Beatrix | 1972 SAPPORO EISKUNSTLAUF FRAUEN |
| 1 | SCHWARZ | Elisabeth | 1956 CORTINA EISKUNSTLAUF PAARLAUF |
| 1 | SCHWARZ | Wolfgang | 1968 GRENOBLE EISKUNSTLAUF MÄNNER |
| 1 | STANGASSINGER | Thomas | 1994 LILLEHAMMER SLALOM |
| 1 | STECHER | Mario | 2006 TURIN NORDISCHE KOMBINATION TEAMBEWERB |
| 1 | STENGL | Manfred | 1964 INNSBRUCH RENNRODEL DOPPELSITZER |
| 1 | STIEGLER | Josef | 1964 INNSBRUCK SLALOM |
| 1 | STOCK | Leonhard | 1980 LAKE PLACID ABFAHRTSLAUF |
| 1 | STROBL | Fritz | 2002 SALT LAKE CITY ABFAHRTSLAUF |
| 1 | STROLZ | Hubert | 1988 CALGARY KOMBINATION |
| 1 | VETTORI | Ernst | 1992 ALBERTVILLE SKISPRINGEN NORMALSCHANZE |
| 1 | WACHTER | Anita | 1988 CALGARY KOMBINATION |
| 1 | WIDHÖLZL | Andreas | 2006 TURIN SKISPRINGEN TEAMBEWERB |
| 1 | WINKLER | Harald | 1992 ALBERTVILLE VIERERBOB |
| 1 | WOLF | Sigrid | 1988 CALGARY SUPER-G |
| 1 | ZIMMERMANN | Egon | 1964 INNSBRUCK ABFAHRTSLAUF |

i

Toni Sailer, geboren am 17. November 1935 in Kitzbühel, gestorben am 24. August 2009.

**OLYMPISCHE MEDAILLEN**
GOLD Abfahrt Cortina 1956
GOLD Riesentorlauf Cortina 1956
GOLD Slalom Cortina 1956

## TONI SAILER

# ALS SOGAR DER HIMMEL WEINTE

Die letzten Worte, die Österreichs Jahrhundert-Sportler an seinem Sterbebett hörte, waren jene seiner Frau Hedi: „Hab keine Angst, Toni – deine Mutter wartet schon auf dich da oben . . .“

Wenige Tage später weinte inmitten von strahlend schönen Spätsommertagen sogar der Himmel, als sich Toni Sailer von der Welt und von seiner geliebten Streif für immer verabschiedete. Zahllose Olympiasieger und Weltmeister waren trotz des Regens zur Trauermesse in den Zielraum der berühmtesten Rennstrecke der Welt gekommen, um dem Größten unter ihnen die letzte Ehre zu erweisen: Weggefährten aus Jugendtagen wie Ernst Hinterseer, Anderl Molterer oder Hias Leitner, Egon Zimmermann, Karl Schranz, Franz Klammer, Leonhard Stock, Hermann Maier, Fritz Strobl, Stephan Eberharter, Annemarie Moser-

Pröll, Petra Kronberger sowie unvergessene Stars aus dem Ausland wie Jean-Claude Killy, Bernhard Russi und Markus Wasmaier. Mit ernsten, nachdenklichen Gesichtern standen sie unter der berühmten roten Gams, die an diesem Tag ebenfalls einen Trauerflor trug, und lauschten den Worten der zahlreichen Redner. Vor allem jenen von Sailers jüngerem Bruder Rudi, der „Tonais" faszinierendes Leben auf eine Art und Weise Revue passieren ließ, die alle zutiefst berührte.

Als dreifacher Olympiasieger bei den Winterspielen 1956 wurde der „schwarze Blitz aus Kitz" zum Idol einer ganzen Generation. Zum heldenhaften Symbol für die Aufbruchstimmung eines Landes, das erst wenige Monate zuvor durch den Staatsvertrag wieder seine Unabhängigkeit erlangt hatte. „Seit ich zwölf war", sagte Sailer in einem seiner letzten Interviews, „tat ich jeden meiner Schritte für Olympia-Gold. Hätte ich es damals nur einmal geholt, ich hätte sofort aufgehört." So aber machte er noch zwei Jahre weiter. Um allen zu beweisen, dass seine Erfolge keineswegs Glück oder Zufall waren. Mit drei weiteren Goldenen und einer Silbernen bei der WM 1958 gelang ihm

*Toni Sailer war der erste Popstar des österreichischen Sports: von Massen belagert und bewundert ob seiner wilden Ritte.*

das genauso eindrucksvoll, wie er danach die „Pisten“ seines neuen Lebens meistern sollte. Als Schauspieler und Sänger wurde er sogar in Japan zum gefeierten Superstar, mit seiner Modelinie setzte er ebenso neue Trends wie einst als Sportler oder danach als Rennleiter seiner geliebten Hahnenkamm-Rennen. Eines blieb der Mann, der sich nie selbst inszenierte, aber trotz aller Erfolge sein ganzes Leben lang: ein Mensch. „Ein guter, großzügiger, ehrlicher, aufrichtiger, treuer, wohltätiger und wachsamer“, wie es Adi Wolffersdorf, „Tonais“ bester Freund, bei seiner Abschiedsrede formulierte.

Knapp vier Jahre davor hatte Sailer an seinem 70. Geburtstag noch gemeint: „Wühlt's nicht in der Vergangenheit – mit 70 fängt das Leben doch erst an!“ Nur wenige Wochen später holte ihn die Diagnose seiner schlimmen Erkrankung ein. „Jetzt gehn ma einmal auf eine Flasche Rotwein“, sagte er damals zu seiner geliebten Hedi. Drei, höchstens vier Monate hatten ihm die Ärzte noch

**WEITERE ERFOLGE**

7-mal WM-Gold: 1956 in Slalom, Abfahrt, Riesentorlauf und Kombination; 1958 in Abfahrt, Riesenslalom und Kombination

1-mal WM-Silber: 1958 Slalom

gegeben. Er lebte fast vier Jahre weiter und überstand vier verschiedene Krebsarten.
Auch seinen letzten sportlichen Wunsch konnte er sich noch erfüllen: „Ich möchte noch einmal ein Großereignis live erleben", hatte er im Jänner 2009 bei seiner Reise nach Moskau, wo er auch Russlands Ministerpräsidenten Wladimir Putin traf, gehofft. Wenige Wochen später saß er bei der WM 2009 in Val d'Isère mit Hedi bei jedem Rennen auf der Tribüne. So erlebte er auch mit, wie Benni Raich mit seiner elften Einzel-Medaille seinen Alpin-Rekord einstellte. „Es freut mich, dass er es ist", gratulierte Sailer bei einem Glas Rotwein.
Aber wie meinten andere Idole wie Jean-Claude Killy oder Hermann Maier nach seinem Tod nahezu einstimmig: „Das größte Vorbild und die größte Legende wird immer der Toni bleiben."
Toni Sailers Herz hörte am 24. August 2009 zu schlagen auf, aber sein Ruhm lebt ewig weiter.

*Auf dem Weg in die Unsterblichkeit: In Cortina holte Sailer dreimal Olympia-Gold, auch als Schauspieler war er unvergleichlich.*

Geboren am 25. März 1973 in Wien.

**OLYMPISCHE MEDAILLEN**
GOLD Abfahrt Turin 2006
GOLD Super-G Turin 2006
SILBER Super-G Nagano 1998

*Die Königin von Turin – Michaela Dorfmeister mit ihren beiden Goldenen.*

# MICHAELA DORFMEISTER

# „MEIN NÄCHSTES GROSSES ZIEL HEISST MAMA"

In der Diskothek „Tabata" in Sestriere erklang die Kult-Nummer „Heros". Ein Betreuer hatte sich beim italienischen Discjockey David Bowies ewigen Sieger-Hit gewünscht. Für die große Siegerin, für die Heldin des Tages. Die saß in einer dunklen Ecke, noch immer übermannt von ihren Emotionen, und sprach über die Zukunft: „Mein nächstes großes Ziel heißt Mama …"

Etwas mehr als drei Jahre nach diesem 21. Februar 2006 ging auch das in Erfüllung: Am 29. März 2009 kam Lea, das Töchterchen von Michaela Dorfmeister und ihrem Freund Andreas, zur Welt. Oft noch in ihrem Leben wird das kleine Mädchen vor dem Fernseher sitzen, sich die alten Videos von damals ansehen und stolz applaudieren: ihrer Mama, der Doppel-Olympiasiegerin.

„Mich selbst", erzählt Michaela, „hat das alles nie interessiert: Ich wollte nie Weltmeisterin oder gar Olympiasiegerin werden." Nur Ski fahren, das tat sie immer für ihr Leben gern. Schon damals mit drei Jahren, als sie mit ihren Eltern noch in Wien lebte. Arnold Pospichal, später der „Big Boss" ihres Fanklubs und einst ihr erster Skilehrer, erinnert sich schmunzelnd: „Am liebsten hätte sie jede Mahlzeit ausgelassen, weil sie nicht aus den Bretteln steigen wollte." Oder auch daran, dass viele über die eigenartige Haltung der kleinen Michaela lächelten, und er selbst wurde nicht nur von einem für verrückt erklärt, als er meinte: „Die hat Talent, die kann eine ganze Große werden." Mittlerweile weiß man längst, warum sie so „anders" aussah: weil sie von der Ski-Technik her schon damals um Lichtjahre voraus war.

Die Liste ihrer Erfolge bezeugt es: Gesamt-Weltcupsiegerin, zweifache Weltmeisterin, kleine Kristallkugeln und natürlich diese beiden Goldenen. Obwohl das mit Olympia und ihr davor so eine Sache war. In Nagano 1998 hatte sie als Außenseiterin im Super-G den Sieg um eine lächerliche Hundertstelsekunde verpasst. „Es hat zwar damals keiner mit mir gerechnet, aber es war so knapp, dass ich diesem Erfolg schon lange nachgetrauert habe."

Vier Jahre später kam sie als absolute Top-Favoritin nach Salt Lake. Im Weltcup hatte sie davor klar domi-

niert, sogar den Gesamtsieg schon so gut wie sicher in der Tasche. Vor den Spielen ließ eine große Tageszeitung die Hellseherin Rosalinde Haller für Olympia 2002 in die Zukunft der Topstars Michaela Dorfmeister und Stephan Eberharter blicken. Während sie für ihn viele Glücksmomente „sah", meinte sie bei ihr: „Das schaut sehr schlecht aus, da gibt es keine Medaille."

Dass sie ganz leer ausgehen könnte, hielten alle für völlig ausgeschlossen. „So deppat", sagte sie selbst Jahre danach, „dass ich dort gar nix gewinn, kannst ja normal auch gar nicht tun." Im Nachhinein betrachtet, waren aber auch die schmerzhaften Rückschläge fast Glücksfälle. Sonst hätte es die Skirennläuferin Dorfmeister 2006 wahrscheinlich nicht mehr gegeben. Schon im

Herbst 2005 erklärte sie, dass sie mit Saisonende zurücktreten werde, und sammelte ihre ganze Energie nochmals für dieses eine, für dieses letzte ganz große Ziel: „Dass ich das mit dem Aufhören schon angekündigt habe, hat mir sehr, sehr viel gebracht. In Turin selbst waren meine Gedanken von Anfang an nur positiv. Ich habe dort im Gegensatz zu Salt Lake nicht eine Sekunde an einen Misserfolg gedacht."

Nach dem Triumph in der Abfahrt weinte sie in den Armen ihrer Eltern Freudentränen und gab eines der emotionalsten TV-Interviews in Österreichs Sportgeschichte. Die zweite Goldene im Super-G war die endgültige Krönung einer großen Karriere. Nach der Saison ging sie wirklich in Ski-Pension. Besser, würdiger als Michaela Dorfmeister kann man nicht abtreten ...

i

**WEITERE ERFOLGE**

2-mal WM-Gold: 2001 Abfahrt; 2003 Super-G
1-mal WM-Silber: 1999 Abfahrt
1-mal WM-Bronze: 1999 Super-G
1-mal Weltcup-Gesamtsieg: 2002
25 Weltcupsiege (7 Abfahrt, 10 Super-G, 8 Riesentorlauf)

AUSTRIA
reusch

Hermann Maier, geboren am 7. Dezember 1972 in Flachau.

**OLYMPISCHE MEDAILLEN**
GOLD Super-G Nagano 1998
GOLD Riesentorlauf Nagano 1998
SILBER Super-G Salt Lake City 2002
BRONZE Riesentorlauf Salt Lake City 2002

# HERMANN MAIER

## NUR SEINE TRÄNEN WAREN STÄRKER

Er verließ die Bühne der Öffentlichkeit, die er mit seinem Charisma, seinen Erfolgen, vor allem aber mit seiner Geschichte über Jahre dominiert hatte, so wie er in nahezu jedem Kapitel seines Lebens war: einzigartig. In der Wiener Hofburg, der alten Kaiserresidenz, trat der Langzeit-Herrscher des österreichischen Skisports am 13. Oktober 2009 ab.

Und der Mann, der oft wie eine eiskalte Rennmaschine gewirkt hatte, zeigte dabei Gefühle wie nie zuvor. Sekundenlang musste Hermann Maier, übermannt von seinen Emotionen, seine Rede unterbrechen, bevor er diese Worte sagen konnte: „Ich habe einen Schlussstrich gezogen, meine Karriere ist zu Ende."

Fast das ganze Land schien mit ihm zu weinen. Wenig später brach der Server seiner Homepage zusammen, weil dort Abertausende Fans ihr Bedauern ausdrücken wollten. „Jetzt", schrieb einer sogar, „braucht Österreich keinen Winter mehr". Auch weltweit löste Maier mit seinem Rücktritt ein Echo aus wie kein anderer österreichischer Sportler vor ihm. Auf CNN war seine Entscheidung den ganzen Tag über eine der Top-Schlagzeilen und die „Süddeutsche Zeitung" rückte ihn sogar in göttliche Sphären: „Nahe dran an Zeus! Das mag überhöht klingen, zu heroisch, zu kitschig, aber was soll man sagen: So ist es nun mal!" Wenn das sogar von unseren Lieblingsnachbarn, die sonst eher liebend gern über die kleinen Ösis spötteln, kommt . . .

Kalt ließ Hermann Maier keinen. „Das hat schon in der Schule begonnen", erinnert er sich, „bei mir hat

*Der einzigartige Hermann Maier – eine deutsche Zeitung verglich ihn sogar mit Zeus.*

**WEITERE ERFOLGE:**
3-mal WM-Gold: 1999 Abfahrt, Super-G; 2005 Riesentorlauf
2-mal WM-Silber: 2001 Super-G; 2003 Super-G
1-mal WM-Bronze: 2001 Abfahrt
4-mal Weltcup-Gesamtsieg: 1998, 2000, 2001, 2004
54 Weltcupsiege (15 Abfahrt, 24 Super-G, 14 Riesentorlauf, 1 Kombination)

sich immer was getan – und das zog sich wie ein roter Faden durch mein ganzes Leben". Ein Leben, dessen Drehbuch eher zu einem Thriller von Quentin Tarantino passt als zur Karriere eines österreichischen Skirennläufers:

Wegen Wachstumsstörungen flog Hermann einst aus allen Kadern. Er arbeitete als Maurer, tingelte auf eigene Kosten von Bauern-Derby zu Bauern-Derby, wie er all die kleinen Rennen Jahre später nennen sollte, und fuhr selbst in einem klapprigen, alten Geländewagen zu seinem ersten Weltcup-Einsatz nach Hinterstoder. Schon wenig später stieg er mit seinem ersten Triumph in Garmisch 1997 wie Phönix aus der Asche auf. Um ziemlich genau ein Jahr danach zum skifahrerischen Weltwunder zu werden. Schon als er in der Olympia-Abfahrt in Nagano auf diese Kurve zugerast war, hatte Renndirektor Günter Hujara verzweifelt in sein Funkgerät geplärrt: „Race stopped – Rennen unterbrochen." Maiers Körper sollte Sekunden später wie von einem Katapult abgefeuert durch die Luft geschleudert werden. Die Bilder seines Jahrhundert-Abflugs waren von den

Strandbars in Rio bis zu den australischen Outbacks zu sehen. Auf der ganzen Welt. Immer und immer wieder. „Es war völlig irrsinnig, so was zu tun", schüttelte Maier Jahre später über sich selbst und seine Waghalsigkeit den Kopf, „aber all das war nur ein Resultat meines skifahrerischen Größenwahns: Ich dachte damals einfach, dass ich unverwundbar bin."

Irgendwie dürfte er es tatsächlich gewesen sein. Wenige Tage nach diesem 13. Februar 1998, es war noch dazu ein Freitag, wurde er trotz der schweren Prellungen am ganzen Körper Doppel-Olympiasieger. Die Geburt einer Legende, der man den Namen Herminator gab: als Synonym für eiserne Kraft, endlosen Willen, Unbesiegbarkeit und sportliche Auferstehung.

All das musste er nur wenige Jahre später abermals unter Beweis stellen. Nach dem schweren Motorradunfall 2001, bei dem er fast sein rechtes Bein verloren hätte, sagten die Ärzte: „Rennen kann der nie wieder fahren." Und als sich langsam, aber sicher dennoch ein Comeback abzuzeichnen begann, meinte die Schweizer Ski-Legende Bernhard Russi: „Wenn Hermann je wieder gewinnt, müssen alle anderen ihre Ski verbrennen." Es dürfte kein einziges Paar mehr geben ...

Im Super-G von Kitzbühel feierte Hermann Maier seinen Comeback-Triumph, in seiner ersten vollen Saison nach dem Unfall gewann er zum vierten Mal den Gesamt-Weltcup, wurde 2005 Riesentorlauf-Weltmeister und holte bei den Olympischen Spielen 2006 abermals zwei Medaillen. Insgesamt gewann er zehnmal Edelmetall, 14 Kristallkugeln und 54 Weltcup-Rennen. Und bei den Siegesfeiern danach wirkte er meist noch „unbezwingbarer" als zuvor auf den Pisten. „Ich habe jedenfalls auch beim Feiern nie zurückgesteckt", gibt er augenzwinkernd zu, „und war dabei genauso eisern zu mir selbst wie beim Skifahren".

Als er sich am Tag nach seinem Rücktritt auf dem Musiksender Ö3 von den „Wecker"-Hörern verabschiedete, wurde er nach einem zu seiner Karriere passenden Song gefragt. Maier selbst fiel spontan keiner ein, aber im Hintergrund begannen einige Mitarbeiter einen legendären Falco-Hit zu summen: „Helden von heute" ...

*Größenwahnsinnig und unverwundbar: Nicht einmal Horrorstürze und Unfälle konnten ihn stoppen.*

**i**

Petra Kronberger, geboren am 21. Februar 1969 in Pfarrwerfen.

**OLYMPISCHE MEDAILLEN**
GOLD Slalom Albertville 1992
GOLD Kombination Albertville 1992

# PETRA KRONBERGER

## AUTOGRAMME AUS DEM MUSEUM

Wie so viele andere Olympiasieger war sie an diesem August-Tag 2009 nach Kitzbühel gekommen, um sich von Toni Sailer zu verabschieden. Sie stand abseits und blieb von vielen unerkannt. Das Rampenlicht, in dem sie als Sportlerin so oft stand, meidet sie seit vielen Jahren. Aber als ihr Hedi, die Frau der wenige Tage zuvor verstorbenen Ski-Legende, diese Worte zuflüsterte, war Petra Kronberger die Rührung deutlich anzumerken: „Der Toni hat oft erzählt, wie wahnsinnig weh es ihm getan hat, dass Sie so rasch aufgehört haben. Die Kronberger, betonte er immer wieder, die hätte alles gewinnen und alle Rekorde brechen können …"

Am 28. Dezember 1992 hatte die junge, von allen umjubelte National-Heldin Sport-Österreich aufhorchen lassen: An diesem Tag erklärte die Salzburgerin, wenige Monate davor in Albertville noch Doppel-Olympiasiegerin, völlig überraschend ihren Rücktritt vom Spitzensport. Sie war erst 23, hatte aber schon alles gewonnen, was es nur zu gewinnen gab: dreimal den Gesamt-Weltcup, einen WM-Titel, zweimal Olympia-Gold und dreimal war sie zu diesem Zeitpunkt bereits zu Österreichs Sportlerin des Jahres gewählt worden.

Dennoch rechnete keiner mit diesem plötzlichen Abgang. „Ich bin nimmer die Petra, die ich vor zwei Jahren war. Nicht weil der Erfolg in diesem Winter bislang ausgeblieben ist, sondern weil ich nicht mehr den hundertprozentigen Bezug zum Skifahren hab. Ich habe bis zuletzt gehofft, dass da ein Schnalzer kommt und den Knopf wieder öffnet, der mir den Spaß am Skifahren zurückgibt."

Mit diesen Worten trat sie ab. Für immer. Zurück ließ sie neben der Chance, wie Sailer ein drittes Mal Olympiagold zu gewinnen und noch unzählige andere Rekorde zu brechen, auch die Chance auf Millionen, die sie als „Darling" der Sportnation Österreich in jedem Fall verdient hätte. Auch ohne in den kommenden Jahren an die großartigen Erfolge der vergangenen anzuschließen.

Ob sie diesen Schritt je bereut hat? Meist schweigt Kronberger zu diesem Thema wie zu vielen anderen. Fest steht, dass sie auch in ihrem „zweiten Leben" die berufliche Erfolgsspur nicht verlassen hat: Sie machte die Matura nach, studierte Kunstgeschichte, zog sich aber zur

*So sehen Siegerinnen aus: Kronberger (rechts) mit ihren Kolleginnen Wachter und Wolf (von links).*

Gänze aus dem öffentlichen Leben zurück. Privat war das Glück ein weniger treuer Begleiter: Sie heiratete nach acht Jahren ihren Thomas, die Ehe wurde aber geschieden. Eine Zeit lang lebte sie in Hamburg, wo sie mit einem Polizisten liiert war, mittlerweile ist sie wieder in Österreich. Ihre neuen „beruflichen Pisten" haben aber auch in der Heimat so gar nichts mit Schnee, mit Sekunden und mit Siegen zu tun: Im „Salzburg Museum" führt Petra Kronberger, mittlerweile auch schon über 40, durch Kunstsammlungen. Nur dann und wann wird sie dabei erkannt und um ein Autogramm gebeten. Auch die „Flucht in die Anonymität" ist ihr erfolgreich geglückt. Dabei kannte sie damals, im Jahr 1992, jedes Kind. Bei den Spielen in Albertville war es ihr als erster österreichischen Skiläuferin seit der unvergessenen Trude Jochum-Beiser gelungen, zweimal Olympia-Gold zu holen. Und es war so eine typische Kronberger-Geschichte; eine jener, in denen Unmögliches möglich wird. In Abfahrt und Super-G, ihren eigentlichen Parade-Disziplinen, hatte sie jeweils um wenige Hundertstel eine Medaille verpasst. Die Goldene in der Kombination war fast logisch, aber im Slalom hatte man ihr vor den Spielen die geringsten Chancen gegeben. Sogar sie selbst fragte zwei, drei Tage vor dem Rennen in ihrer typischen, manchmal etwas naiv erscheinenden Art: „Habt's denn da keine Bessere als mich?" Aber Trainer Raimund Berger ließ sich nicht von seinem Weg abbringen. Nicht von seiner Star-Läuferin und schon gar nicht von anderen Kritikern, die nach den Enttäuschungen in Abfahrt und Super-G ihre Aufstellung heftig kritisierten. Mit einem Trick flog Petra dann zum Sieg: Auf der mitgenommenen Piste fuhr sie einen etwas weiteren Kurs als ihre Gegnerinnen, um sich die „Wandln" direkt neben den Toren zu ersparen. Der „Schlüssel" zu Gold. Zum letzten ihrer ebenso großen wie kurzen Karriere …

**WEITERE ERFOLGE**

1-mal WM-Gold: 1991 Abfahrt
3-mal Weltcup-Gesamtsieg: 1990, 1991, 1992
16 Weltcupsiege (6 Abfahrt, 2 Super-G, 3 Riesentorlauf, 3 Slalom, 2 Kombination)

Benjamin Raich, geboren am 28. Februar 1978 in Arzl.

**OLYMPISCHE MEDAILLEN**
GOLD Riesentorlauf Turin 2006
GOLD Slalom Turin 2006
BRONZE Slalom Salt Lake City 2002
BRONZE Kombination Salt Lake City 2002

# BENJAMIN RAICH

## „ICH SCHÄME MICH NICHT FÜR MEINE TRÄNEN“

Wenn man auf dem Reißbrett einen perfekten Skirennläufer konstruierte, würde einer wie Benni Raich entstehen. Der Tiroler hat alles, was Erfolg ausmacht: Talent, enormes Gefühl, Mut, Furchtlosigkeit, technisches Verständnis, Risikobereitschaft und Angriffslust gepaart mit dem nötigen Maß an Besonnenheit – und dazu noch eine Familie, die ihn in jeder Hinsicht perfekt unterstützt.
Wir besuchten ihn für dieses Buch daheim in Leins im Pitztal. Benni,

natürlich wie eh und je, serviert auf der gemütlichen Terrasse des „Ferienhofs Raich" kühle Getränke, seine Mutter Christl bringt Kaffee. Und sie erinnert sich an damals: als ihre drei Kinder den kleinen Hang gleich hinter dem Haus hinunterrutschten. Florian, ihr ältester Sohn, war der erste Skilehrer seiner jüngeren Geschwister Benni und Carina. Auch in all den Jahren danach trainierte Benni Raich immer wieder mit ihm und

*Benni mit seinen Goldenen – müsste man einen Rennläufer entwerfen, es würde genau er entstehen.*

**WEITERE ERFOLGE:**
3-mal WM-Gold: 2005 Slalom, Kombination; 2007 Team
5-mal WM-Silber: 2001 Slalom; 2005 Riesentorlauf; 2007 Kombination; 2009 Riesentorlauf
1-mal WM-Bronze: 2005 Super-G
1-mal Weltcup-Gesamtsieg: 2006
34 Weltcupsiege (14 Riesentorlauf, 14 Slalom, 5 Super-Kombination, 1 Kombination)

mit seinem Vater Alois. Eine sportliche Familienbande, die zu den wichtigsten Teilen in seinem Erfolgspuzzle zählt – seit 2008, als der Skiverband Florian als Trainer von Benni engagierte, übrigens auch ganz offiziell.
Mutter Raich denkt nach dem ersten Schluck Kaffee weiter zurück an die Kindheit ihres berühmten Sohnes. Sie lächelt über die Jause im Rucksack, die Benni meist schon vor dem ersten Schwung gierig verschlungen hatte; sie erzählt von der Schule: „Ganz normal und mittelmäßig war er da: nie unangenehm, aber auch nie ganz brav – genauso wie daheim.“ Und sie schmunzelt darüber, dass Benni schon damals immer und überall der Anführer sein wollte: die Nummer eins, so wie Jahre später auf den Rennpisten.
Vor allem an diesem 20. Februar 2006. Als er nach seinem ersten Olympiasieg im Riesentorlauf im

Zielraum auf dem Rücken lag und hemmungslos weinte wie nie davor in seiner Karriere. „Ich schäme mich nicht für meine Tränen: Es ist doch nur menschlich, wenn in solchen Momenten alles aus einem herausbricht.“ Den Siegerkuss bekam er Sekunden nach dem Triumph von Freundin Marlies Schild, die im Ziel mit ihm mitgezittert und mit Slalom-Bronze sowie Kombi-Silber in Turin ebenfalls zwei Medaillen geholt hatte. Eine goldene „Hoch-Zeit“ des Traumpärchens des österreichischen Sports. Und wann kommt die echte Hochzeit, wurden sie damals immer wieder gefragt. „Wir heiraten im Frühjahr“, antwortete Benni, was von manchen auch prompt als Sensation vermeldet wurde. Dabei hat er nie gesagt, im Frühjahr welchen Jahres.

Im April 2009 begannen die beiden jedenfalls mit dem Hausbau. Wenige Meter von seinem Elternhaus entfernt, gleich neben jenen seiner beiden Geschwister, die zu diesem Zeitpunkt bereits fertig waren. Schild kämpfte nach ihrer schweren Beinverletzung, wegen der sie die ganze vorangegangene Saison verpasst hatte, gerade um ihr Comeback. „Es ist noch ein weiter Weg für sie“, sagt Benni, „sie musste unzählige Rückschläge einstecken, und ich bekam in den letzten Wochen und Monaten immer wieder vor Augen geführt, dass es keineswegs selbstverständlich ist, wenn eine Karriere so reibungslos verläuft wie meine eigene.“ Natürlich gehört da Glück dazu, das weiß er. Aber eines der Geheimnisse hinter seiner langjährigen körperlichen „Unverwundbarkeit“ ist auch das Wissen um die eigene Stärke und die damit verbundene Fähigkeit, nur dann ans Limit zu gehen, wenn es wirklich nötig wird.

Frage an Benni: „Wer sind für dich eigentlich die größten Sportler Österreichs?“ Er antwortet, ohne lange zu zögern: „Reihen will ich das nicht: aber sicher der Toni Sailer, der Franz Klammer – und Leute wie Niki Lauda, Thomas Muster oder Hermann Maier, alleine schon mit ihren Geschichten, mit ihren Comebacks.“ Aber muss man solche Rückschläge eingesteckt haben, um zum echten Helden zu werden? „Meine Karriere war dagegen völlig unspektakulär“, sagt Benni Raich, „ich hoffe also nicht“. Er selbst ist der beste Beweis dafür.

*Benni Raich auf der Abfahrt – auch einmal ein Downhill-Rennen zu gewinnen, zählt zu seinen ganz großen Zielen.*

Geboren am 2. September 1927 in Lech am Arlberg.

**OLYMPISCHE MEDAILLEN**
GOLD Kombination St. Moritz 1948
GOLD Abfahrt Oslo 1952
SILBER Abfahrt St. Moritz 1948

## TRUDE JOCHUM-BEISER

# ALS RASENDE MAMA IN DIE EWIGKEIT

Besuch im Senioren-Wohnheim in Leopoldau. Es ist heiß draußen an diesem Juli-Mittwoch, die Quecksilbersäule klettert unaufhörlich in die Nähe der 30-Grad-Marke. In wenigen Tagen wird der Ungarn-GP 2009 ausgetragen und Stefanie Tenor wieder gebannt vor dem Fernseher sitzen. Wie bei fast jedem Rennen in den letzten 40 Jahren. Sie kam am 17. Dezember 1907, als noch jedes etwas schneller rollende Gefährt eine kleine Sensation war, zur Welt: Jetzt ist sie der wohl älteste Formel-1-Fan Österreichs, ja vielleicht sogar von ganz Europa.

Langsam findet die freundlich lächelnde Dame ihre Erinnerungen wieder. An den tragischen Unfalltod des Ayrton Senna, der für sie der Allergrößte war. Und an eine der für sie bittersten Stunden in all den Grand-Prix-Jahren, als Jochen Rindt 1970 in Monza tödlich verunglückte. „Meine Freundinnen und ich", erzählt sie, „haben stundenlang nur geweint". Aber nicht nur die Formel 1, der Sport generell hat ihr langes Leben immer begleitet. „Da war doch diese Skirennläuferin, die so viel gewonnen hat – es muss ziemlich bald nach dem Weltkrieg gewesen sein." Der Name fällt ihr nicht mehr ein. Aber sie kann nur Trude Jochum-Beiser meinen ...

Geboren in Lech am Arlberg, war sie der erste Superstar im österreichischen Damen-Skisport. Sie gewann 1948 in St. Moritz Gold und Silber, 1952 nochmals Gold und stellte damit einen rot-weiß-roten Damen-Rekord bei Winter-Olympia auf, der erst 54 Jahre später von Michaela Dorfmeister eingestellt werden sollte. Dabei war ihre Karriere von Hürden gepflastert.

Trude Beiser, wie sie als Mädchen hieß, begann zwar bereits mit fünf mit dem Skilauf, musste sich aber mit ihren insgesamt zehn Geschwistern ein einziges Paar Ski teilen. „Doch schon als ich sieben war", erinnerte sie sich an ihrem 80. Geburtstag, „haben mich meine Brüder an einem Seil immer wieder den Berg raufgeschleppt und ich bin runtergefahren".

Im Winter 1945, sie galt schon als Riesentalent, durfte sie bei keinem internationalen Rennen starten. Wie so viele andere Sportverbände hatte die FIS Österreich als kriegführende Nation ausgeschlossen.

1948 holte sie in St. Moritz mit Gold in der Kombination, die damals noch als eigener Bewerb galt, und Silber in der

Abfahrt ihre ersten Olympia-Medaillen. Mit Ende der Saison beendete sie ihre Karriere. Sie hatte Alfred Jochum geheiratet und erwartete ein Kind.
Nach einjähriger Pause kehrte sie in den Rennsport zurück und gewann – als Mutter des kleinen Alfred – 1950 bei der WM in Aspen abermals zwei Medaillen. Erneut zog sie sich danach ins Privatleben zurück. „Ich wollte meine Zeit meiner jungen Familie widmen", denkt sie zurück.
Aber die Überredungskünste der Funktionäre und Trainer sollten erneut erfolgreich sein. Die damals erst 24-Jährige feierte ihr zweites Comeback. Es wurde ein für Österreich sporthistorisches. Trude Jochum-Beiser gewann gleich zu Saisonbeginn in ihrem Heimatort Lech den Slalom, die Abfahrt sowie die Kombination und stellte bei den Winterspielen 1952 in Oslo den lange nicht einmal eingestellten rot-weiß-roten Olympia-Rekord auf.
Danach beendete sie ihre Karriere endgültig. Mit ihrem Mann eröffnete sie in Lech das „Café Olympia", das später Sohn Alfred führte. Dort lebt der Mythos Jochen-Beiser ewig weiter. So wie in den Geschichtsbüchern.

*Keilhosen und Pullover statt schnittige Rennanzüge: Trude Jochum-Beiser war Österreichs erster alpiner Superstar.*

Geboren am 3. Dezember 1953 in Mooswald.

**OLYMPISCHE MEDAILLEN**
GOLD Abfahrt Innsbruck 1976

**WEITERE ERFOLGE**
2-mal WM-Gold: 1974 Kombination; 1976 Abfahrt
1-mal WM-Silber: 1974 Abfahrt
26 Weltcupsiege (25 Abfahrt, 1 Kombination)

## FRANZ KLAMMER

# VOM ZÜNDHOLZ-UNGLÜCK UND VOM BETTDECKEN-VERSTECK

*Franz Klammer versinkt im Jubelmeer: Mit seinem Triumph ließ er eine ganze Nation im Glücksgefühl baden.*

Es gibt diese ganz speziellen Tage, bei denen man sich ein ganzes Leben lang erinnern wird, was man zu einem gewissen Zeitpunkt getan hat oder wo man gerade war. Oft sind es leider Tragödien, die solche Erinnerungen über viele Jahre im Gedächtnis verankern: wie in jüngerer Vergangenheit die fürchterlichen Anschläge in den USA am 11. September 2001, die Tsunami-Katastrophe 2004 oder im Sport der Unfalltod von Formel-1-Legende Ayrton Senna. Aber auch Freudentage bleiben manchmal ewige Gegenwart. Wie jener 5. Februar 1976, als dieser Teufelskerl Franz Klammer im schon etwas zerschlissenen gelben Rennanzug zu jenem Triumph flog, den eine ganze Nation von ihm erwartet, ja, fast verlangt hatte. Auch die Autoren dieses Buches stimmten danach in den glückseligen Aufschrei, der ganz Österreich förmlich erbeben ließ, mit ein. Allerdings auf völlig unterschiedliche Art und Weise …

ROBERT SEEGER: Im ORF war der Aufwand im Vergleich zu heute damals geradezu bescheiden. Trotzdem hatten wir schon drei Alpin-Kommentatoren in Innsbruck. Für mich waren es meine zweiten Olympischen Winterspiele und sie begannen mit einer „Niederlage“: Natürlich fieberten meine Kollegen Michael Kuhn und Heinz Prüller so wie ich dem großen Showdown am Patscherkofel entgegen, und jeder wollte unbedingt die Abfahrt, die Königsdisziplin mit dem Griff von Volksheld Klammer nach Gold, übertragen. Deshalb hatte der damalige Live-Chef Peter Beilner die Idee, die Rennen unter den drei Ski-Kommen-

tatoren zu verlosen. Es galt, verschieden lange Zündhölzer zu ziehen, und ich erwischte zweimal das kürzeste: Das bedeutete Slalom, wo Österreich damals von Erfolgserlebnissen meist weit entfernt war. Heinz bekam die Riesentorläufe, Michael griff in den „Glückstopf" und konnte beide Abfahrten übertragen. Anfangs war ich enttäuscht, aber letztlich hatte meine Zündholz-Niederlage durchaus schöne Seiten. Ich konnte so im Zielraum den Abfahrtskrimi als Zuschauer richtig genießen und mit rund 60.000 anderen Klammers heldenhaften Sieg feiern. Später hatte ich bei acht olympischen Abfahrten vor dem Mikro noch dreimal das Glück, mit Leonhard Stock, Patrick Ortlieb und Fritz „the Cat" Strobl Gold auch selbst übertragen zu dürfen.

PETER FRAUNEDER: Die erste Fernseh-Erinnerung meines Lebens ist eine sehr dunkle: an das Finale der Fußball-WM 1974, als mein Vater und ich im Urlaub in Salzburg in einem mehr als übervollen Lokal zwischen unzähligen deutschen Touristen mitfieberten. Es war nicht ganz ungefährlich, weil wir so ziemlich die Einzigen waren, die für Holland die Daumen drückten. 1976, damals schon fast neun, bekam ich alles viel bewusster mit. Oft habe ich seither die Bilder gesehen: von den völlig leeren Straßen und Büros in ganz Österreich, weil sich an diesem Donnerstagmittag jeder, der nur irgendwie konnte, vor eines der noch gar nicht selbstverständlichen TV-Geräte drängte, um beim Rennen aller Rennen mitzufiebern. Zumindest ein Österreicher sah Klammers Lauf nicht live: ich. Ich hatte mich zwar rasch genug von der Schule heimgehetzt, saß mit meinen Eltern und meinem Bruder im Wohnzimmer, aber als ER mit Nummer 15 am Start stand, hielt ich es vor Nervosität nicht mehr aus. Ich rannte ins Schlafzimmer und verkroch mich unter Mamas Bettdecke. Ich wollte nichts hören, nichts sehen. Seine Fahrt dauerte nur legendäre 1:45,73 Minuten, aber mir kam es wie Stunden vor und meine Daumen waren schon rot und blau, bis mein Vater endlich ins Zimmer kam: „Peter, Peter, er hat gewonnen." Ich hüpfte jubelnd durchs ganze Haus und hatte Freudentränen in den Augen. So wie nach manchen Triumphen, die ich Jahre später als Reporter hautnah miterleben durfte …

Geboren am 27. März 1953 in Kleinarl.

**OLYMPISCHE MEDAILLEN**
GOLD Abfahrt Lake Placid 1980
SILBER Abfahrt Sapporo 1972
SILBER Riesentorlauf Sapporo 1972

**WEITERE ERFOLGE**
5-mal WM-Gold: 1972 Kombination; 1974 Abfahrt; 1978 Abfahrt, Kombination; 1980 Abfahrt
2-mal WM-Silber: 1972 Abfahrt, Riesentorlauf
2-mal WM-Bronze: 1970 Abfahrt; 1978 Riesentorlauf
6-mal Weltcup-Gesamtsieg: 1971, 1972, 1973, 1974, 1975, 1979
62 Weltcupsiege (36 Abfahrt, 16 Riesentorlauf, 3 Slalom, 7 Kombination)

# ANNEMARIE MOSER-PRÖLL

## „ICH KONNTE DAS GEREDE VON DER GOLDENEN NICHT MEHR HÖREN“

Sie ist die größte Rennläuferin aller Zeiten. Als sie zu Österreichs Jahrhundert-Sportlerin gewählt wurde und neben Box-Legende Muhammed Ali die Trophäe in Empfang nahm, sagte sie bescheiden und verlegen: „Ich komme mir so winzig vor!“ Obwohl sie über 60 Weltcuprennen und sechs Gesamt-Weltcups gewonnen hat. Vor den Winterspielen 1980 erwartete, ja, man kann fast sagen, forderte ein ganzes Land von ihr Abfahrts-Gold. Druck, der auf anderen Schultern zentnerschwer gelastet hätte. Aber sie warf jedes Gramm spätestens auf dem Sessellift, der sie zum Start hinaufbrachte, ab und triumphierte in diesem Rennen so, als ob es die selbstverständlichste Sache der Welt wäre. Genau 30 Jahre nach ihrem Olympiasieg 1980 erschien dieses Buch. Wir baten Annemarie Moser-Pröll deshalb zum Jubiläums-Interview.

*Frau Moser-Pröll, Lake Placid liegt 30 Jahre zurück, aber Sie scheinen noch genauso im Stress zu sein wie damals ...*

Im Moment stimmt das tatsächlich. Weil ich beim Hausbau bin und fast den ganzen Tag auf der Baustelle verbringe.

*Ihr Café „Weltcup“ gibt es nicht mehr?*

Nein, nachdem mein Mann 2009 verstorben ist, habe ich es verkauft. Alleine konnte und wollte ich nicht mehr weiterarbeiten.

*Die Malakoff-Torte, die Kardinalschnitte und der Topfenstrudel der Annemarie Moser-Pröll waren berühmt im ganzen Land: Geht Ihnen das Backen gar nicht ab?*

Aber wo. Wenn ich Lust habe, stell ich mich daheim in die Küche und backe trotzdem. Nur halt in aller Ruhe. Für mich selbst, für meine Tochter und vor allem für meinen Enkelsohn Elias. Der ist letztes Jahr gerade in die Schule gekommen.

*Und wird sicher einmal Skirennläufer, oder?*

Er muss es zumindest nicht werden. Für meine Tochter Marion war das ja auch nie ein Thema.

*Auch Sie selbst sieht man nur höchst selten bis nie bei Rennen.*

Wenn man älter wird, ist einem das alles nicht mehr so wichtig. Ich war unlängst einmal in St. Moritz. Aber auch nur, weil mich eine Zeitung eingeladen hatte. Ich denke, jeder ehemalige Rennläufer sollte das mit den Rennbesuchen so handhaben, wie er das will.

*War es damals in Lake Placid wirklich so, dass Sie diesen Olympiasieg holen MUSSTEN?*

Für viele schon. Ich selbst konnte all das Gerede von der Goldenen dagegen schon nicht mehr hören. Für mich war dieses Rennen fast eines wie jedes andere. Aber man freut sich über so einen Erfolg natürlich noch heute. Es gibt Momente im Leben, die vergisst man einfach nie.

*Vier Jahre vor Lake Placid fanden die Winterspiele in Österreich statt: Sie haben Innsbruck trotzdem ausgelassen, weil Sie Ihren kranken Vater pflegen wollten. Bereuen Sie manchmal, damals nicht vor heimischen Fans um Gold gekämpft zu haben?*

Nein, das bereue ich ganz und gar nicht. Es hatten für mich damals einfach ganz andere Dinge Priorität. Mein Vater war krank und damit wurde der Sport für mich ganz automatisch zur Nebensache.

*Nach Lake Placid haben Sie endgültig aufgehört: Sie waren noch keine 27, also noch recht jung für eine Ski-Pensionistin.*

Mag sein, aber mein Körper war total ausgelaugt. Und ich selbst auch. Ich war mit 17 Weltcupsiegerin, bin dann fast zehn Jahre mit Vollgas an der Spitze gefahren. Die Zeit ist gekommen, wo klar war: Das war's! Es hat mich einfach nicht mehr gefreut. Ich war nach den Spielen noch bei den Überseerennen, aber ich hab mir schon vor dem Start ein Tor ausgesucht, wo ich unauffällig aus dem Kurs fahren konnte. Und genau so war es dann auch.

*Es werden noch immer die Geschichten erzählt, dass die Annemarie Moser-Pröll manchmal direkt von einer Bar oder einer Feier zum Start gekommen wäre und das Rennen trotzdem gewonnen habe: Stimmt das?*

Wie überall wird auch da übertrieben. Aber unlängst plauderte ich mit der Petra Kronberger. Ich hab ihr von früher erzählt, davon, dass wir schon oft ausgegangen sind. Sie war ganz erstaunt: „Wir haben das fast nie getan, da hab ich ja in der Jugend einiges versäumt", sagte sie. „Genau so ist es", antwortete ich. Aber wenn wir einen Monat mit dem Tross unterwegs waren, ist uns eben die Decke auf den Schädel gefallen. Wir mussten raus, weggehen, ausbrechen wie andere in ihrem Berufsleben auch. Damals waren wir so eine Art Clique, wo das eigentlich jeder machte. Der Klammer Franz, der Walcher Sepp, ich. Aber nicht direkt vor Rennen, wie behauptet wird. Immer nur, wenn danach zwei, drei Tage Pause waren. Glaub ich zumindest …

Unvergleichlich! Annemarie Moser-Pröll (Mitte) dominierte in ihrer Ära wie keine andere davor oder danach.

i

Geboren am 24. März 1969 in Stumm.

**OLYMPISCHE MEDAILLEN**
GOLD Riesentorlauf Salt Lake City 2002
SILBER Riesentorlauf Nagano 1998
SILBER Super-G Salt Lake City 2002
BRONZE Abfahrt Salt Lake City 2002

**WEITERE ERFOLGE**
3-mal WM-Gold: 1991 Super-G, Kombination; 2003 Super-G
1-mal WM-Silber: 2001 Super-G
2-mal Weltcup-Gesamtsieg: 2002, 2003
29 Weltcupsiege (18 Abfahrt, 6 Super-G, 5 Riesentorlauf)

# STEPHAN EBERHARTER

## „DAS GRÖSSTE, WAS ICH JE ERLEBEN DURFTE“

„Au weh, muss ich da heute wirklich hinaus“, dachte Stephan Eberharter, als er aus dem Fenster sah. Er saß in der Mitte des kleinen Frühstücksraums der Appartement-Anlage in Park City: Der Morgennebel ließ den Tag düster beginnen und genauso unfreundlich und mürrisch war die Stimmung des erfolgreichen Skirennläufers, dem diese eine Medaille, die für jeden Sportler das größte Ziel ist, immer noch fehlte. Es war der Tag seiner allerletzten Chance …

„Ich habe damals schon schlecht geschlafen“, erinnert er sich Jahre später, „musste oft aufstehen und auf die Toilette. Aber nicht, weil ich so nervös gewesen wäre, ganz im Gegenteil. Auch bei der Besichtigung hatte ich noch ein Gefühl, als ob mich das alles nichts anginge. Ich war mit meinen Gedanken überall, nur nicht bei diesem Rennen.“

Eberharter war als Seriensieger nach Salt Lake gekommen. Als haushoher Favorit, vor allem in Abfahrt und Super-G. Er holte in seinen Paradedisziplinen Bronze und Silber, was viele andere als großartigen Erfolg gefeiert hätten. Für ihn war es wie eine schwere Niederlage. Schmerzhaft, fast niederschmetternd. „Warum stellt mich der Herrgott auf so eine harte Probe“, fragte er, nachdem im Super-G der schon sicher scheinende Olympiasieg bei einem Fehler knapp vor dem Ziel liegen geblieben war. Es wollte, so schien es, einfach nicht sein.

Dass der Riesentorlauf das letzte Olympia-Rennen seines Lebens sein würde, war vorher bereits festgestanden. Aber die Chance auf Gold war für ihn, verglichen mit den vorangegangenen Disziplinen, ziemlich gering. „Doch zehn Minuten vor dem

Start hat es mich voll erwischt, wie man so schön sagt. Plötzlich ist alles gekommen: das Kribbeln, die Gewissheit, dass ich voll attackieren muss. Ich wusste, dass mein späteres Leben nicht von dieser Goldenen abhängig sein würde – aber ich wusste in diesen Augenblicken, dass sie mir gehört.“ Stunden danach, mittlerweile strahlte die Sonne über Park City, lag er glücklich im Schnee: als Olympiasieger. Das Warten hatte sich doch noch gelohnt …

*Im Rennen der allerletzten Chance hat es doch noch geklappt: Stephan Eberharter auf dem Weg zu Gold.*

Aber Salt Lake war bei Weitem nicht die einzige Geduldsprobe in seiner Karriere. Genauso schnell wie der „Komet“ Eberharter mit den beiden WM-Titeln in Saalbach 1991 am Ski-Himmel aufgetaucht war, verglühte er auch wieder. Immer wieder von schweren Verletzungen zurückgeworfen, fand er sich im Sommer 1996 nicht einmal mehr in einem Kader des österreichischen Ski-Verbandes. „Ich dachte nicht wirklich ans Aufhören, sehr wohl aber daran, was jetzt passiert, wenn es mit dem Skisport tatsächlich vorbei ist.“ Er trainierte ganz allein, musste sich Torstangen ausborgen und mit Ski-Exoten aus Russland und Bulgarien die Pisten teilen. „Aber all diese Erfahrungen“, weiß er längst, „haben mich nur stärker gemacht.“ Im Europacup holte er sich seine Fixplätze für den Weltcup, wo er neben einem weiteren WM-Titel 2003 sowie insgesamt vier Olympia-Medaillen in seiner „zweiten Karriere“ sagenhafte 29 Rennen gewinnen sollte.

Nach seinem Rücktritt machte Steff dieses Warten, das ihn als Sportler immer wieder begleitet hatte, fast zum Programm. Mit dem Hausbau ebenso wie mit der Gründung seiner eigenen Familie. Im August 2009, als er schon knapp über 40 war, kam Sohn Felix zur Welt. „Das Größte, was ich je erleben durfte“, sagte der stolze Vater nach der Geburt. Kinder strahlen immer am schönsten. Viel schöner noch als Olympia-Gold.

Geboren am 3. Dezember 1947 in Göstling an der Ybbs.

**OLYMPISCHE MEDAILLEN**
GOLD Abfahrt Grenoble 1968

**WEITERE ERFOLGE**
1-mal WM-Gold: 1968 Abfahrt
3 Weltcupsiege (3 Abfahrt)

# OLGA PALL

## „ICH VERDANKE ALLES MEINEM VATER"

*Hübsch, schnell und ehrgeizig: Olga Pall trainierte schon am Rad, als man das Wort Ergometer nicht einmal noch kannte.*

Klassische Wintersportorte wie Lech, St. Anton oder Kitzbühel werden es nicht gern lesen oder hören. Aber es ist nun einmal Tatsache, dass Österreichs heimliche Ski-Hauptstadt, was die letzten Jahre betrifft, nicht in Vorarlberg, Tirol oder Salzburg liegt, sondern im niederösterreichischen Alpenvorland. Kein anderer Ort brachte seit Mitte der Neunzigerjahre auch nur annähernd so viele Läufer an die Weltspitze wie Göstling an der Ybbs: Thomas Sykora, Seriensieger im Weltcup und bei den Spielen 1998 in Nagano Dritter in seiner Parade-Disziplin Slalom;
Abfahrts-Held Andi Buder, der in der Form seines Lebens war, als ihn der schwere Sturz auf der Kitzbüheler Streif im Jänner 2008 um Lichtjahre zurückwarf;
Kathrin Zettel, die neben unzähligen Weltcup-Erfolgen etwa bei der Weltmeisterschaft 2009 in Val d'Isère Gold holte;
und auch Herbert Mandl, langjähriger Cheftrainer von Österreichs Ski-Damen, stammt aus Göstling.
Wir begaben uns auf Spurensuche nach diesem kleinen Ski-Wunder und fragten Kathrin Zettel, die meinte: „Bei uns im Skiklub wird einfach seit Jahren perfekt gearbeitet." Was Thomas Sykora nur bestätigen kann: „Der Skiklub stellt in Zusammenarbeit mit Volks- und Sporthauptschule Dinge auf die Beine, die einzigartig sind. Die Kinder kommen schon in den Skischuhen aus der Klasse, fahren rauf aufs Hochkar und dort ist alles bereits ideal vorbereitet. Und dazu kommt, dass mit meinem Vater Ernst, mit dem ich und Kathrin trainiert haben, ein Trainer da

ist, der extrem gut arbeitet und extrem viel sieht ..."
Vielleicht ist es aber auch ein wenig die Geschichte, die zur außergewöhnlichen Identifikation der Göstlinger mit dem Skisport beiträgt. Schon in den Sechzigerjahren zog ein junges Mädchen aus, um von hier aus die Ski-Welt zu erobern. Olga Pall, die in der Kindheit mit ihren Eltern nach Tirol übersiedelte, betont heute noch regelmäßig: „Aber eigentlich bin ich eine Göstlingerin."
Ob nun Tirolerin oder Niederösterreicherin, das war den Österreichern damals im Februar 1968 herzlich egal. Bei den Olympischen Spielen in Grenoble, wo der unvergessene Jean-Claude Killy bei den Herren wie zwölf Jahre zuvor Toni Sailer alle Bewerbe gewann, holte sie die einzige Alpin-Goldene für Österreich. Sie war damals aber auch schon eine Vorreiterin für die heutige Ski-Ära, in der zum Beispiel das Ergometer zur Standard-Ausrüstung jedes Weltklasse-Läufers zählt. „Um halb, dreiviertel sieben in der Früh", erzählte Teamarzt Ernst Raas damals, „wenn ich in die Klinik fahre, sehe ich die Olga schon mit dem Rennrad durch den Ort rasen." Und es war nicht zuletzt ihr Vater, der diese enorme Sport-Begeisterung in jeder Hinsicht förderte. Im Keller der Palls hatte er für seine Kinder sogar einen eigenen Turnsaal gebaut. Die hübsche Olga wusste schon, warum sie nach dem Olympiasieg im Ziel zu Tränen gerührt jubelte: „Alles, fast alles verdanke ich meinem Papa ..."

*Auf dem Weg zu Gold: In Grenoble besiegte Pall auch die favorisierten „Hausherrinnen" aus Frankreich.*

Geboren am 24. August 1972 in Gerlamoos.

**OLYMPISCHE MEDAILLEN**
GOLD Abfahrt Salt Lake City 2002

**WEITERE ERFOLGE**
1-mal WM-Gold: 2007 Team
1-mal WM-Silber: 2007 Super-G
9 Weltcupsiege (7 Abfahrt, 2 Super-G)

*Blumen für den großen Sieger: Fritz Strobl jubelt über Gold.*

# FRITZ STROBL

## „MEINE GOLDENEN VOM ZAHNARZT"

Hätte es diesen verflixten Stern nicht gegeben, Fritz Strobl wäre auch am Ende seiner großen Karriere die Nummer eins gewesen. Nicht als Ski-König, sondern als Popstar. Wochenlang lag sein Hit „Genie auf die Ski", den er für einen Werbespot gemeinsam mit den anderen österreichischen Abfahrts-Helden aufgenommen hatte, auf Rang zwei der österreichischen Charts. Immer hinter dem „Stern, der deinen Namen trägt" von DJ Ötzi. Sein letztes Rennen fuhr der Kärntner im März 2007 in Lenzerheide in Anlehnung an den Text seines Songs „Ich bin der Mozart der Mausefalle" im Amadeus-Kostüm.

„Wenn Ötzis Song nur ein paar Wochen später rausgekommen wäre . . .", dachte er noch zwei, drei Jahre danach lächelnd an die verpasste Chance zurück. Aber sein Ski-Stern wird auch so nie verglühen, das weiß er: In Salt Lake 2002 wurde er Olympiasieger in der Abfahrt. Als erst sechster Österreicher nach Toni Sailer, Egon Zimmermann, Franz Klammer, Leonohard Stock und Patrick Ortlieb. „Als ich damals nach Österreich zurückkam, hatte ich einen Anruf von einer unbekannten Nummer am Handy", erinnert sich Friedl, wie ihn alle Welt nennt, „ich rief zurück und der Leo meldete sich: ‚Gratuliere, alter Hund!', sagte er, ‚wirst sehen, diese Medaille bekommt erst mit den Jahren ihren wirklich besonderen Wert, wenn'st erst einmal eine Zeit aus dem ganzen Ski-Getriebe weg bist.'" Längst kann Strobl die Worte von Stock bestätigen: Diesen schon etwas abgedroschenen Satz, wonach der Olympiasieg das Allergrößte für jeden Sportler wäre. „Aber es stimmt halt wirklich: Jedes Mal, wenn ich bei meiner Goldmedaille vorbeigehe, denke ich: Meine Karriere mit all ihrem Aufwand und so manchen Entbehrungen hat sich wirklich ausgezahlt."

Wobei das hell strahlende Edelmetall gewisse Rätsel aufgibt. Im Bauernhof seiner Eltern in Kärnten, auf dem er aufgewachsen ist und den er seit einiger Zeit auch selbst führt, hängt eine Goldene. Im Haus in Adnet, wo er mit Gattin Bettina und seinen Söhnen Mario und Simon lange lebte, eine zweite. Und ein drittes Exemplar gibt es auch noch. „Stimmt schon", nickt Friedl schmunzelnd, „ich hab mir zwei perfekte Duplikate anfertigen lassen – und zwar von meinem Zahnarzt." Wo die dritte Goldene (die echte?) ist, bleibt sein gut gehütetes Geheimnis.

Damals, an diesem 10. Februar 2002, hing sie jedenfalls um seinen Hals. Obwohl Freund und Zimmernachbar Stephan Eberharter der große Favorit für dieses Rennen gewesen war. Gemeinsam logierten die beiden im beschaulichen kleinen Ort Eden in einer Appartementanlage – im Haus mit der Nummer 111, passend für große Champions. Der Tiroler hatte seinem Freund Friedl – damals knapp hinter ihm Zweiter – schon nach seinem Sieg in der letzten Abfahrt vor Olympia in St. Moritz zugeflüstert: „Wirst sehen, du holst dafür in zwei Wochen Gold." Und vor dem „Rennen aller Rennen" klopfte er schon in aller Herrgottsfrüh an die Tür des Nachbarzimmers: „Weil ich Angst hatte, dass der Friedl sonst verschläft . . ."

Strobl war bekannt dafür, alles etwas gemütlicher und gelassener anzugehen als der Rest der Weltklasse. Bei so viel Gefühl und Talent konnte er sich das leisten. Wegen seines schleichenden Fahrstils bekam er auch den Spitznamen „The Cat". In Salt Lake war die „Katze" wieder einmal schneller, besser als alle anderen. „Jetzt bin ich Olympiasieger", sagte Strobl damals, „aber als Star fühl ich mich deshalb noch lange nicht: Ich werde trotzdem immer der Friedl bleiben."

Jahre später, als er auf seinem Bauernhof gerade Heu wegführte und mit seiner unverändert sympathischen Art auch diesen Satz längst bestätigt hatte, dachte er nochmals zurück: „Mein erster Sieg in Val d'Isère 1996 war der schönste, weil so viel Druck abgefallen ist. 1997 der in Kitzbühel mit dem Streckenrekord der interessanteste. Aber der mit Abstand wichtigste, der nachhaltigste, das war dieser Erfolg in der Olympia-Abfahrt. Und so wird das immer bleiben . . ."

Geboren am 19. September 1943 in Kitzbühel, gestorben am 8. Juli 2001.

**OLYMPISCHE MEDAILLEN**
GOLD Abfahrt Innsbruck 1964
BRONZE Abfahrt Grenoble 1968

**WEITERE ERFOLGE**
2-mal WM-Gold: 1962 Abfahrt; 1964 Abfahrt
1-mal WM-Silber: 1964 Kombination
1-mal WM-Bronze: 1968 Abfahrt

## CHRISTL HAAS

# OLYMPIA-STERNSTUNDE IN ROT-WEISS-ROT

Es war eng an diesem Tag in der Axamer Lizum, verdammt eng. Die Menschen standen in schmalen Felsspalten, sie stiegen auf die Dächer der alten Bauernhäuser oder drängelten sich am Streckenrand, um die Läuferinnen wenigstens ein paar Sekunden zu sehen. Die Mühen sollten belohnt werden, Abertausende wurden so Zeugen einer olympischen Sternstunde in Rot-Weiß-Rot:
Christl Haas (Österreich)
Edith Zimmermann (Österreich)
Traudl Hecher (Österreich)

Nie zuvor und nie danach konnte das kleine Österreich über einen dreifachen Olympia-Erfolg im Damensport jubeln. Aber an diesem Donnerstag, dem 7. Februar 1964, war sogar der Wettergott Österreich-Fan. Lange hatten die ersten Winterspiele in Innsbruck mit Schneemangel gekämpft, bis es ausgerechnet in der Nacht vor der Damen-Abfahrt stundenlang schneite. Die weiße Pracht bescherte einerseits den Organisatoren schlaflose Stunden, andererseits wurde sie für das heimische Team zum „goldenen Segen": Auf einer eigens präparierten Strecke hatten die Österreicherinnen noch knapp vor dem Start das Wachs ausgiebig getestet, mit dem dann auch Vorläuferin Traudl Eder fuhr. Vom Ziel aus funkte sie ihren Kolleginnen hinauf: „Perfekt, die Ski laufen wie Raketen!" Für damalige Verhältnisse ein materialtechnischer Geniestreich, der zum entscheidenden Schlüssel für den Dreifach-Triumph werden sollte.

Angeführt wurde er von einer erst 20-jährigen Fotolaborantin aus Kitzbühel. Hunderte Male war Christl Haas in der Kindheit über die berühmte Streif gefahren. Viele sahen darin das Geheimnis für ihre enorme Stärke auf der Abfahrt. Deshalb begann ihr Stern, wie Experten analysierten, schon zwei Jahre davor auf sensationelle Art und Weise zu leuchten: Bei der WM 1962, als die damals 18-jährige Haas wirklich niemand auf der Rechnung hatte, holte sie Gold – mit drei Sekunden Vorsprung ...

*Grenzenloser Jubel im österreichischen Team: In Innsbruck 1964 feierten Haas & Co. einen historischen Olympia-Triumph.*

Nach überragenden Erfolgen im Vorfeld der Spiele war sie zwei Jahre später bei Olympia in der Heimat schon die Gold-Favoritin schlechthin. Dass die Opern- und Operetten-Liebhaberin ausgerechnet am Tag des Wiener Opernballs 1964 triumphierte, lieferte allein genug Stoff für die Boulevard-Presse. Dass übereifrige Ordner ihre Mutter nach dem Sieg nicht zu ihr in den Zielraum lassen wollten, ebenso.

Spätestens mit dem Sieg von Haas, die vier Jahre später in Grenoble auch noch Bronze in der Abfahrt holen sollte, waren für die Ski-Nation Österreich auch die ersten Winterspiele in Österreich endgültig gerettet. Nach Gold in der Herren-Abfahrt durch Egon Zimmermann der Jahrhundert-Triumph der Damen, der endgültig alle Skepsis vergessen ließ. Nicht nur sportlich hatte man diesen Spielen recht düster entgegengeblickt: „Unser Olympia schwimmt davon", hatte eine Zeitung auf Seite eins aufgrund der hohen Temperaturen noch am Tag der Eröffnung befürchtet. Eine Schlagzeile, die Jahre später im Zusammenhang mit Christl Haas höchst tragisch erscheinen sollte: Die Tirolerin starb 2001 bei einem Schwimm-Unfall in der Türkei. Sie wurde nur 57 Jahre alt.

Geboren am 20. Mai 1967 in Lech am Arlberg.

**OLYMPISCHE MEDAILLEN**
GOLD Abfahrt Albertville 1992

**WEITERE ERFOLGE**
1-mal WM-Gold: 1996 Abfahrt
4 Weltcupsiege (3 Abfahrt, 1 Super-G)

# PATRICK ORTLIEB

# DER „TAUFPATE" DER CARVING-SKI

*Nach dem Triumph auf der „hässlichen Fratze" strahlte für Patrick Ortlieb die Skiwelt wunderschön golden.*

Wer das Hotel „Montana" in Lech betritt, wird gleich nach dem Eingang von einem riesigen Felsen begrüßt. Er stammt nicht etwa – wie man vermuten würde – vom Arlberg, der jetzt am späten Nachmittag seine mächtigen Schatten durch die Glasfront wirft. Er kommt aus dem fernen Val d'Isère: Patrick Ortlieb hat ihn vor Jahren extra in seine Heimat bringen lassen. Als ewiges Andenken an seine größte Stunde: an den Triumph in der Olympia-Abfahrt 1992 in Val d'Isère, auf der „Face de Bellevarde", was so viel wie „hässliche Fratze" heißt, die aber für ihn so freundlich strahlen sollte . . .

In diesem Jänner 2009 betreten zahlreiche Journalisten und TV-Teams sein Hotel: weil in wenigen Wochen bei der Weltmeisterschaft erstmals wieder ein Abfahrtsrennen auf diesem Hang stattfinden wird, das überraschend der Kanadier John Kucera gewinnen sollte. Natürlich ist der einzige, der dort je gewonnen hat, heiß begehrtes Interview-Objekt: Patrick Ortlieb erzählt zuerst stolz von seinen Kindern. Von der ältesten Tochter Lara, für die das Snowboard und nicht zwei „Bretteln" die Welt bedeutet. Von ihrer zwei Jahre jüngeren Schwester Nina, die dagegen als großes Ski-Talent gilt. Sowie vom „Nachzügler" Jonas, der auf der Piste auch kaum noch zu bändigen ist. Und davon, dass alle drei für einen Ausländer die Daumen drücken, wenn wieder einmal ein Skirennen am riesigen TV-Schirm in ihrem Wohnzimmer läuft: „Es gibt für sie nur einen und der heißt Bode Miller. Du musst heute offenbar einfach cool sein, um bei den Kids anzukommen. Der Jonas hat mich sogar schon ständig um Miller-Abziehbilder angebettelt, als er noch viel zu jung war, um damit etwas anzufangen . . ."

Dass auch Ortlieb selbst durchaus als rot-weiß-roter „Feind" über die Abfahrtspisten rittern hätte können, daran denkt heute kaum noch jemand. Seine Mutter kommt aus Vorarlberg, Vater Guy ist aber Franzose, selbst beim Olympiasieg hatte Patrick noch einen Personalausweis jenes Landes, in dem damals die Spiele stattfanden, im Nachtkastel liegen. Zum Glück hatte er sich aber mit 18 für Österreich entschieden. Und sicher war auch etwas Glück dabei, als er und seine Betreuer damals den „Weitblick" hatten, der vielen

anderen fehlte. „Uns war immer klar, dass du auf diesem Berg mit einem herkömmlichen Ski nicht gewinnen kannst. Deshalb haben wir bereits ein Jahr vor den Spielen einen neuen bauen lassen: viel kürzer und taillierter als die damaligen Abfahrtslatten und gerade noch innerhalb des Reglements." Er war damit gewissermaßen der „Taufpate" der heute längst selbstverständlichen Carving-Ski. Und mit dem revolutionären Material flog Ortlieb, den manche immer wieder als reinen Geradeaus-Fahrer abgestempelt hatten, auf der Kurvenorgie von Val d'Isère zum Triumph.

Aber während die Olympia-Goldene im Trophäenschrank, der auf dem mächtigen Felsen gleich beim Eingang steht, blitzt und glänzt wie eh und je, sucht man nach dem Erfolgs-Ski im ganzen Hotel vergeblich. „Der hängt seit vielen Jahren im Restaurant an der Face de Bellevarde", klärt Patrick auf, „meine Skifirma hat sie dem damaligen Olympiaort geschenkt ..."

Dann hetzt er vor die Tür. In wenigen Minuten beginnt eine wichtige Sitzung des Skiklubs Arlberg. Dort ist Ortlieb in der Nachwuchsarbeit voll engagiert. „Es gab in den letzten Jahren viel zu wenig erfolgreiche Läufer vom Arlberg", sagt er. Hinter ihm laufen gerade seine Kinder vorbei. Und man denkt unweigerlich daran, dass es in ein paar Jahren vielleicht noch eine/n Olympiasieger/in mit dem Namen Ortlieb geben könnte ...

Leonhard Stock, geboren am 14. März 1958 in Finkenberg.

**OLYMPISCHE MEDAILLEN**
GOLD Abfahrt Lake Placid 1980

**WEITERE ERFOLGE**
1-mal WM-Gold: 1980 Abfahrt
1-mal WM-Bronze: 1980 Kombination
3 Weltcupsiege (3 Abfahrt)

*„Grauenhaft" zum Zuschauen, aber als Rennfahrer ein Hit: Leo Stock auf dem Weg zum Olympiasieg.*

# LEONHARD STOCK

## VOM „TELLERWÄSCHER" ZUM OLYMPIA-HELDEN

„Teufelskerl auf Skiern" stand in riesigen Lettern auf dem Cover der „Time". Darunter jubelte er, der Olympiasieger, mit ausgestreckten Armen. Der letzte Österreicher, der es vor ihm auf das Titelblatt des Renommiermagazins geschafft hatte, war Formel-1-Weltmeister Niki Lauda. Aber die Story des Leonhard Stock war wie geschaffen für Amerika. Für dieses Land der unbegrenzten Möglichkeiten, in dem sich damals der Traum vom „Tellerwäscher, der zum Millionär wird", wirklich noch erfüllte. Und die Geschichte dieses erst knapp 22-jährigen Österreichers war so eine: Vom „untalentierten" Jungen, der Wochen vor Olympia noch am OP-Tisch lag und nur als Ersatzmann mitgenommen wurde, zu Gold. Hollywood-Stoff. Genau das, was die Amerikaner lieben ...

Mit 16 hatte man Stock schon auf der Abschussliste. „Bei dem ist Hopfen und Malz verloren", rümpften Betreuer die Nase. Man zitierte den jungen Zillertaler zum Arzt, ließ ihn ein Attest bringen, weil er viel zu schnell gewachsen war. „Die hatten Angst, dass meine Knie das nicht aushalten." Nur sein Trainer Heini Messner erkannte: „Der Leo ist zwar grauenhaft zum Zuschauen, aber als Rennfahrer ist er ein Hit ..."

Wenige Jahre später, nur knapp über 20, war das Un-Talent schon Zweiter im Gesamtweltcup. Vor allem aber hatte er bei der Generalprobe für die Olympia-Abfahrt in Lake Placid Serienbestzeiten in den Schnee geknallt. Und im Herbst des gleichen Jahres erzählte man sich nach den Trainingskursen sowieso Wunderdinge über ihn. Die Ski-Sonne strahlte für Stock heller denn je zuvor. Bis zu jenem 3. Dezember, als er im Training für die erste Weltcup-Abfahrt in Val d'Isere so schwer stürzte: Kapseleinriss in der Schulter, die Bänder im Knie ebenfalls verletzt – plötzlich war Olympia für ihn noch viel weiter weg als Lake Placid vom Zillertal.

„Es ist vorbei", sagte er selbst zähneknirschend. Bis ihm in der Uni-Klinik in Innsbruck Dr. Oberhammer ins Ohr flüsterte: „Du wirst jetzt operiert, die Schulter geheftet. Aber wenn du alles machst, was wir dir sagen, siehst du Lake Placid doch noch." Am 3. Jänner holte er sich im Kneissl-Werk neue Ski, am 9. stand er erstmals am Lift und wenig später in Wengen war er schon wieder sensationeller Fünfter: Stock durfte wirklich mit zu Olympia, aber nur als Ersatzmann. Das Quartett Wirnsberger, Grissmann, Walcher, Weirather galt für das Rennen um Gold als gesetzt.

Doch Stocks Serien-Bestzeiten im Training lösten die wahrscheinlich schlimmste Schlammschlacht in der österreichischen Ski-Geschichte aus: Meuterei, Streikdrohungen, wüste Beschimpfungen. Aber noch vor dem letzten Zeitlauf sprach der eigentlich als weich und sanft geltende Ski-Präsident Udo Albl ein Machtwort: „Stock, Weirather fix – die anderen fahren Qualifikation.“ Es war eine seiner wenigen bedeutsamen Entscheidungen, aber sicher die wichtigste sportliche seines Lebens: Sepp Walcher blieb als regierendem Weltmeister nur die Zuschauerrolle und Stock holte wirklich Gold. Einer der ersten Gratulanten aus der Heimat war danach sein Kneissl-Markenkollege, Vorbild und Freund Franz Klammer. „Hurra, du warst super“, ließ er via Telegramm ausrichten. Der Nationalheld, noch vier Jahre davor selbst Olympiasieger, war im Team für die Spiele 1980 wegen mangelnder Erfolge nicht einmal berücksichtigt worden. Dabei hatte Stock noch vor der Saison lächelnd gemeint: „Ich bin sicher bei Olympia dabei – zur Not halt als Betreuer und Helfer von Franz . . .“

*Er wäre auch als „Helfer“ von Franz Klammer nach Lake Placid gekommen und wurde dann selbst zum großen Helden.*

Geboren am 14. Februar 1964 in Breitenwang.

**OLYMPISCHE MEDAILLEN**
GOLD Super-G 1988

**WEITERE ERFOLGE**
1-mal WM-Silber: 1989 Super-G
5 Weltcupsiege (2 Abfahrt, 3 Super-G)

# SIGRID WOLF

## „NUR DEN STREIFTRAUM HABE ICH SELBST AUFGELÖST"

*Die Skiwelt schien sich gegen Sigrid Wolf verschworen zu haben, aber im olympischen Super-G lief alles wieder wie am Schnürchen.*

Die Besitzerin und Trainerin im „Olympic Fitness"-Studio in der kleinen Gemeinde Elbigenalp im Tiroler Lechtal trägt einen berühmten Namen. „Hallo", begrüßt sie die Gäste freundlich hinter dem Eingang neben ihrem großen Trophäenschrank. „Aber wo", fragt man nach kurzem Blick hinein fast automatisch, „ist denn bitte die Gold-Medaille?" Sigrid Wolf lächelt etwas verlegen: „Die war auch jahrelang hier drinnen. Aber nachdem Kjetil-Andre Aamodt all seine Medaillen gestohlen worden waren, haben immer mehr Leute gewarnt: Pass auf, dass deine nicht auch einmal weg ist, wenn sie hier gleich beim Reinkommen jeder sieht. Ich habe dann wirklich Angst bekommen." Und seither bewahrt sie die schönste Erinnerung an ihr Sportlerleben an einem weit sichereren Platz auf: im Nachtkastel ...

Der Tirolerin schien in diesen Tagen das sportliche Pech an den Fersen zu kleben. Als Siegerin des Super-G in Lech hatte man sie wegen einer lächerlichen Sicherheitsnadel, mit der sie ihre Startnummer fixiert hatte, disqualifiziert. Und vor dem olympischen Super-G war sie bei ihrer exzellenten Fahrt in der Abfahrt von einer Windböe aus allen Medaillen-Träumen verweht worden. „Mir wurde damals bewusst, dass du selbst noch so gut drauf sein kannst, aber gegen gewisse Einflüsse von außen trotzdem völlig machtlos bist. Vorm Super-G war es, ganz ohne überheblich zu sein, dennoch so, dass schon Silber für mich eine Enttäuschung gewesen wäre."

Es wurde tatsächlich Gold: Genau eine Sekunde Vorsprung hatte die damals 24-Jährige im Ziel auf die Schweizer Mitfavoritin Michaela Figini. „Ich bin mit so viel Selbstvertrauen an den Start gegangen, die Strecke war für mich wie maßgeschneidert und das ganze Rennen ist dann wie in Zeitlupe abgelaufen. Ich war keine Sekunde nervös, wusste auf jedem Meter haargenau, was zu tun war", erinnert sie sich an ihren größten Sieg.

Heute erlebt sie höchst selten Sternstunden direkt an der Piste. Nur einmal im Jahr kommt sie zu einem Rennen: immer nach Kitzbühel, wo sie für die WWP-Agentur des Abfahrts-Weltmeisters von 1982 Harti Weirather VIP-Gäste betreut. Auch

damals, gleich nach ihrem Olympiasieg, träumte sie von der Streif. „Ich will dort einmal im Abfahrtstempo runterfahren", ließ sie die staunenden Reporter wissen. Jahre später ist sie fast erleichtert, dass es der so ziemlich einzige Wunsch in ihrem Sportlerleben war, der sich nicht erfüllen sollte: „Ich bin die Streif oft runtergerutscht, habe am eigenen Leib verspürt, wie eisig und brutal sie sein kann, und diesen Traum selbst aufgelöst", schmunzelt sie. Fürchterliche Stürze wie die von Scott Macartney oder Daniel Albrecht, die danach beide im Koma lagen, bestärkten sie in ihrer Einschätzung. Sie denkt an ihre beiden Töchter Francesca und Chiara und sagt fast aufatmend: „Sie fahren zwar auch Rennen, aber nur zum Spaß. Und eigentlich bin ich heilfroh darüber: Der Skisport mit seinen immer größeren Fliehkräften und höheren Geschwindigkeiten ist viel zu gefährlich geworden ..."

*So gut wie unschlagbar: Auch die Schweizer Top-Favoritin Figini hängte Wolf in Calgary um fast eine Sekunde ab.*

Geboren am 12. Feburar 1967 in Schruns.

**OLYMPISCHE MEDAILLEN**
GOLD Kombination Calgary 1988
SILBER Riesentorlauf Albertville 1992
SILBER Kombination Albertville 1992

**WEITERE ERFOLGE**
2-mal WM-Silber: 1993 Riesentorlauf; 1996 Kombination
4-mal WM-Bronze: 1991 Super-G, Kombination; 1993 Kombination; 1999 Riesentorlauf
1-mal Weltcup-Gesamtsieg: 1993
19 Weltcupsiege (2 Super-G, 14 Riesentorlauf, 1 Slalom, 2 Kombination)

*Statt Hebamme oder Lokführerin zu werden, blieb Anita Wachter den Pisten treu: Welch Glück für die Sportnation Österreich ...*

# ANITA WACHTER

## „MEIN TRAUM WAR LOKFÜHRERIN ODER HEBAMME"

Es war ein Riesenschreck für die junge Rennläuferin, die eben erst ihren 21. Geburtstag gefeiert hatte. Anita Wachter fuhr rauf auf den Berg, wo sie nach dem sensationellen dritten Platz in der Abfahrt im Slalom eine olympische Kombi-Medaille fixieren wollte, und merkte plötzlich: „Ich habe meine Skischuhe vergessen." Zum Glück war ihr damaliger Cheftrainer Andy Rauch noch im Hotel und brachte sie ihr nach. Aber die Vorbereitung auf das bis dahin wichtigste Rennen ihrer Karriere war kräftig durcheinandergewirbelt. Warten statt Einfahren, Ungeduld statt Konzentration.
So schwarz der Tag begonnen hatte, so golden sollte er enden. „Im Ziel hat mir wer auf die Schulter geklopft und zu Silber gratuliert – ich war schon damit überglücklich." Weil die Anzeigetafel pausenlos zwischen Slalom- und Gesamtergebnis der Kombination wechselte, fühlte sie sich auch selbst anfangs „nur" als Zweite hinter der Schweizerin Brigitte Oertli. Umso überschäumender war ihre Freude, als ihr mit Verzögerung bewusst wurde: „Ich bin Olympiasiegerin!"
„Natürlich waren das bewegende Momente, ich hatte ständig eine Gänsehaut und bei der Siegerehrung kämpfte ich mit den Tränen", erinnert sie sich. Anita lebt mit ihrem langjährigen Lebensgefährten Rainer Salzgeber, einst selbst Weltklasse-Läufer und danach lange Zeit Rennsport-Direktor der Skifirma „Head", in Vorarlberg. Die beiden Töchter Amanda und Angelina fahren auch schon begeistert Ski. Bei dieser „erblichen Vorbelastung" wäre es fast logisch, würden auch sie in den nächsten Jahren auf den Weltcup-Pisten für Glücksmomente sorgen. Wie einst der Papa und die Mama.
Obwohl die als Mädchen gar nicht wirklich von Pokalen und Medaillen geträumt hatte. „Ich hatte so viele Berufsträume", erinnert sich Anita schmunzelnd, „einmal wollte ich Stewardess werden, am nächsten Tag Fernfahrerin oder Lokführerin, dann wieder Hebamme". Als ihr Trainer die damals Neunjährige fragte, wie sie sich das denn nun vorstellen würde mit ihrer Karriere, war sie noch unschlüssig. Erst nachdem sie etwas später bei Damen-

rennen im Montafon die damalige französische Weltklasse-Läuferin Fabienne Serrat getroffen hatte, fiel endgültig die Entscheidung. Das große Vorbild hatte der kleinen Anita eine Kappe samt Autogramm geschenkt und die wusste plötzlich: „Ich will wie sie werden und auch einmal im Weltcup fahren."

So ebnete die Serrat-Unterschrift den Weg zu einer der erfolgreichsten Karrieren der österreichischen Ski-Geschichte. Wachter sollte insgesamt drei Olympia-Medaillen, dreimal WM-Edelmetall, einmal den Gesamtweltcup, zweimal die Spezialwertung im Riesentorlauf sowie insgesamt 19 Weltcuprennen gewinnen.

Wie gut, dass sie nicht Hebamme oder Lokführerin geworden ist …

i

Geboren am 8. Februar 1939 in Lech am Arlberg.

**OLYMPISCHE MEDAILLEN**
GOLD Abfahrt Innsbruck 1964

**WEITERE ERFOLGE**
2-mal WM-Gold: 1962 Riesentorlauf; 1964 Abfahrt
1-mal WM-Bronze: 1962 Abfahrt

# EGON ZIMMERMANN

## „MANCHMAL KAM ICH MIR WIE EIN KASPERL VOR“

*Auf dem Gipfel des Ruhms. Bei den Heimspielen 1964 holte Egon Zimmermann Gold in der Königsdisziplin.*

„Ich hatte eine Zeit, da ging es mir sehr, sehr schlecht: Es hat mich fast zermürbt!“ Offen wie wenig andere spricht Egon Zimmermann über seine Leiden. Über seine Krankheit, die seit über 30 Jahren ein ständiger und lästiger Begleiter in seinem Leben ist. Multiple Sklerose wurde Ende der Siebzigerjahre bei ihm diagnostiziert. „In so langer Zeit verliert der Körper oft seine Kraft“, erzählt Zimmermann, „manchmal kam ich mir wie ein Kasperl vor“. Er schluckte tagtäglich unzählige Medikamente. Die Schmerzen konnten sie aus seinem Körper aber auch nicht vertreiben. Bis zu jenem Tag im Jahr 2000, als ihm ein mittlerweile verstorbener Bekannter Qigong zeigte. „Danke vielmals, dass du mich dorthin gebracht hast“, sagt Zimmermann heute noch, „es hat mein Leben gerettet. Ich mache es regelmäßig und bin dabei höchst diszipliniert. Jeden Tag stehe ich um halb sechs auf, schlage ein paar Golfbälle oder spaziere mit meinem Hund durch die Wälder: Jetzt ist für mich wieder jeder Tag lebenswert.“
Aber Zimmermann hat schon während seiner Karriere gelernt, mit Rückschlägen umzugehen: als er nur wenige Monate nach seinem größten Triumph brutal aus allen sportlichen Träumen gerissen wurde. „Ich war auf der Heimfahrt vom Training, und wie das bei Rennläufern, die im Auto genauso ans Limit gehen wie auf der Piste, nun einmal so ist, viel zu schnell dran“, erinnert er sich. Bei dem Unfall zog er sich schwerste Verletzungen zu: am Kiefer, am Rücken, fast am ganzen Körper. Innerhalb weniger

Wochen verlor Zimmermann neun Kilo. „Sich da wieder zurückzukämpfen, war extrem hart."

Es gelang ihm trotzdem, wenngleich die ganz großen Erfolge danach ausbleiben sollten. Aber den allerschönsten hatte er ohnehin schon gefeiert: Bei den Olympischen Spielen 1964 in Innsbruck flog Zimmermann zu Gold in der Königsdisziplin. Vor 65.000 enthusiastischen Fans, die den Patscherkofel stimmungsmäßig in einen Hexenkessel verwandelten. „Es war eine Atmosphäre wie sonst wahrscheinlich nur im ausverkauften Maracana-Stadion von Rio de Janeiro, wenn Brasilien Weltmeister wird", erinnert sich Zimmermann an seine Sternstunde, „auf Erfolge wie diesen ist man ein ganzes Leben lang stolz. Aber es wird einem erst bewusst, welche Bedeutung diese Goldene hat, wenn man irgendwo auf der Welt mit einem anderen Olympiasieger spricht, sei es auch aus einer ganz anderen Sportart ..."

Er hat viele getroffen daheim in Lech. Immer wieder war einer in seinem Vier-Sterne-Hotel „Kirstberg" zu Gast. Zimmermann führte es über all die Jahre selbst. Und auch die düstersten, die schmerzvollsten Tage während seiner Krankheit konnten ihn nicht daran hindern. „Denn eines", betonte er mit der Weisheit seiner über 70 Jahre immer wieder, „lernt man als Sportler sehr, sehr schnell: dass der Wille Berge versetzen kann!"

Geboren am 15. September 1965 in Bad Dürnberg.

**OLYMPISCHE MEDAILLEN**
GOLD Slalom Lillehammer 1994

**WEITERE ERFOLGE**
1-mal WM-Silber: 1991 Slalom
1-mal WM-Bronze: 1993 Slalom
10 Weltcupsiege (10 Slalom)

# THOMAS STANGASSINGER

## GOLD KAM IN DER SALZ-ZILLE

*Nach seinem famosen ersten Lauf rettete Thomas Stangassinger gegen den großen Alberto Tomba 15 Hundertstel.*

Der Satz vom Gentleman, der genießt und schweigt, trifft auf kaum einen so zu wie auf Thomas Stangassinger. Er ist intelligent, freundlich und sympathisch, aber er war nie ein Mann großer Worte. Selbst nach seinem schönsten Sieg verlor er nicht die emotionale Kontrolle: Er vergoss damals in Lillehammer keine Freudentränen und die rot-weiß-rote Fahne hatte man ihm bei der Siegerehrung fast aufdrängen müssen. „Skifahren", wiederholte er den Satz, den er davor schon so oft gesagt hatte, erneut, „ist nicht das Leben. Und wenn ich diese Goldene nicht gemacht hätte, wäre mein Leben auch weitergegangen . . ."
Sicher sogar. Aber ohne seinen Triumph wären diese Winterspiele 1994, die in ihrer Gesamtheit für viele heute noch die schönsten und emotionalsten aller Zeiten waren, als österreichische Niederlage in die Geschichte eingegangen. Emese Hunyady hatte zwar die erste Eisschnelllauf-Goldene für Österreich geholt. Aber Winter-Olympia ohne Erfolg der Alpinen, das ist für eine stolze Ski-Nation, die wir nun einmal sind, bitter und ernüchternd wie es für Brasilien das Vorrunden-Aus bei der Fußball-WM wäre. „Stani muss die Olympischen Spiele retten", titelte eine große Zeitung deshalb schon Tage vor dem abschließenden Slalom.
Er rettete sie wirklich und holte die erste Olympia-Goldene im Slalom für Österreich seit genau 30 Jahren. In einem Rennen, das zu einem der packendsten der Geschichte werden

sollte: Stangassinger hatte bei der Nummernwahl richtig gepokert und war in Durchgang eins mit der 8 überlegene Laufbestzeit gefahren, während der große Favorit Alberto Tomba mit der sonst meist perfekten 1 diesmal chancenlos gewesen war – mit 1,84 Sekunden Rückstand lag er nur auf Platz zwölf. Aber im zweiten Lauf zündete der charismatische Italiener sein berühmtes Pisten-Feuerwerk, das ihm den Spitznamen „La Bomba“ eingebracht hatte. Alle zerbrachen förmlich an seiner famosen Zeit. Bis „Stani“ kam: Aber auch dessen Riesen-Vorsprung schmolz und schmolz, bei der ersten Zwischenzeit waren es nur noch 1,62 Sekunden, bei der zweiten war er mit 0,76 auf weniger als die Hälfte geschmolzen. „Darauf gewettet“, sagte Thomas deshalb ganz offen, „dass ich Olympiasieger bin, hätte ich bei der Zieldurchfahrt nicht“. Gerade einmal 15 Hundertstel hatte er gerettet. 15 „goldene“.
Weit über eine Million Menschen hatte daheim in Österreich bei diesem „Slalom-Thriller“ mitgefiebert. Auch Stanis Frau Marlies. Die Hochzeit mit ihr hatte er allen verschwiegen wie so vieles aus seinem Privatleben. Als er zwei Tage nach dem Olympia-Triumph daheim in Hallein empfangen wurde, schloss er sie glücklich in die Arme. Er war in einer Salz-Zille in die berühmte Salz-Metropole geführt worden.“ „Früher ging’s mit dem weißen Gold, dem Salz, die Salzach hinunter, jetzt kommt olympisches Gold zurück“, sagten die Halleiner und Bad Dürnberger, wo er zur Welt kam, stolz. Seine Heimat verließ Stangassinger nach seinem Rücktritt nur mehr sehr selten. So gut wie nie ist er bei Rennen zu treffen und statt mit Slalom-Kursen beschäftigt er sich weit lieber mit jenen an der Börse. Sie wissen schon: Skifahren war für ihn schon damals nicht das Leben …

*Die großen drei im Lillehammer-Slalom: Stangassinger mit Tomba (li.) und Jure Košir.*

Geboren am 28. Februar 1932 in Kitzbühel.

**OLYMPISCHE MEDAILLEN**
GOLD Slalom Squaw Valley 1960
BRONZE Riesentorlauf Squaw Valley 1960

**WEITERE ERFOLGE**
1-mal WM-Gold: 1960 Slalom
1-mal WM-Bronze: 1960 Riesentorlauf

## ERNST HINTERSEER

# „ICH UND MEINE ZWEI KITZBÜHEL-BRÜDER"

Spätestens seit der Saison 2009/2010 ist Ernst Hinterseer Stammgast auf der Tribüne des FC Wacker Innsbruck. Fast bei jedem Heimspiel sitzt er auf seinem Platz, meist mit stolz lächelnden Augen. Grund ist sein Enkelsohn Lukas, der mit nur 18 Jahren in den Profikader aufgenommen wurde und damit der Letzte aus der Sportler-Familie Hinterseer ist, der den Sprung an die Spitze schaffte.

Rückblende um 60 Jahre. Im Kitzbühel der Vierzigerjahre fahren drei junge Burschen immer wieder mit der Hahnenkamm-Bahn oder den paar Schleppliften, die es damals schon gab, rauf und mit ihren Skiern wieder runter. Sie heißen Toni Sailer, Anderl Molterer und Ernst Hinterseer. „Wir sind aufgewachsen wie Brüder", erzählt Ernst, der Zweitälteste aus dem „infernalen Hahnenkamm-Trio", „und wir haben uns immer narrisch gut verstanden – bis zum Schluss". Damit spricht er mit Tränen in den Augen den Tod seines Freundes Toni im August 2009 an. „In Kitzbühel", sagte Hinterseer damals, „ist heute ein strahlender Sonnentag, aber der ganze Ort wird trotzdem von einer schwarzen Wolke überdeckt".

Mit Sailer verband ihn immer mehr als nur Freundschaft. 1956 in Cortina, wo der Teamkollege mit drei Goldenen zum Superstar wurde, teilten die beiden sogar ein Zimmer. „Er hatte die Nummer 9", erinnert sich Ernst sogar an Details, „der Tonai räumte groß ab und ich machte nicht einmal eine Medaille". Als kleinen Trost schenkte Sailer dem Freund nach den Spielen seine Abfahrtsski, wie Hinterseer erst über 40 Jahre später verraten sollte. „Aber abgesehen davon habe ich damals von ihm auch viel für meinen eigenen Olympiasieg gelernt . . ."

Vier Jahre nach Cortina stand Hinterseer selbst ganz oben und wurde Sailers Nachfolger als Slalom-Champion. „Ich war eigentlich im Riesentorlauf, wo ich dann Dritter wurde, Favorit und bin nur ins Slalomteam gerutscht, weil mit Karl Schranz und Anderl Molterer zwei Kollegen nach Differenzen mit den Trainern aus der Mannschaft flogen.“ Die Goldene hängt als ewige Erinnerung in seinem Haus. „Du kannst 15-mal die Hahnenkamm-Abfahrt von Kitzbühel gewinnen und es wird trotzdem nicht so nachhaltig sein wie ein Olympiasieg.“

Nach seinem Olympiasieg beendete Hinterseer die Karriere bei den Amateuren, um in den USA Profirennen zu fahren. 1963 gewann er dort den inoffiziellen WM-Titel und nach dem endgültigen Rücktritt 1967 wurde er Trainer. Als Betreuer konnte er ebenso oft über Erfolge jubeln wie einst als Sportler. Vor allem über jene seiner Söhne: Hans, Ernst junior und Guido schafften alle den Sprung in das österreichische Weltcupteam. Hans, der Älteste, war am erfolgreichsten und sorgt nach seiner Ski-Karriere als Schlagersänger für Höhenflüge der ganz anderen Art. Und sein Vater drückt auch mit über 70 noch immer einem seiner Nachkommen die Daumen: nicht mehr auf den Skipisten, sondern auf dem Fußballfeld.

*Gedrungene Haltung, den Mund offen vor lauter Angriffsgeist – so holte Hinterseer 1960 Gold.*

Geboren am 20. April 1937 in Lienz.

**OLYMPISCHE MEDAILLEN**
GOLD Slalom Innsbruck 1964
SILBER Riesentorlauf Squaw Valley 1960
BRONZE Riesentorlauf Innsbruck 1964

**WEITERE ERFOLGE**
1-mal WM-Gold: 1964 Slalom
1-mal WM-Silber: 1960, Riesentorlauf
1-mal WM-Bronze: 1964 Riesentorlauf

# JOSEF STIEGLER

## VERGOLDETER FOTOGRAF

Sie heißt Resi. Klingt typisch österreichisch, oder? Ihre Art würde so wie der Name perfekt zu Bergen, Schnitzel oder Wiener Walzer passen. Den tanzt sie nach erfolgreich absolvierten Rennen schon mal im Zielraum. Etwas abgewandelt, aber eben doch. Sie hat Tigerohren auf dem Helm, ist witzig, fröhlich, optimistisch und gilt als Paradiesvogel. Lässig, würde man in Österreich sagen. Cool hatten es die Amerikaner schon genannt, noch bevor das Wort „eingedeutscht" wurde. Jedenfalls hätte Resi in einer Ski-Nation wie Österreich das Zeug zum Superstar. Nur erobert sie die Pisten leider nicht für Rot-Weiß-Rot, sondern für die „Stars and Stripes". Für die USA. Dabei sorgte ihr Vater einst in dem Land, in dem Skisport nationales Anliegen ist, für einen Aufschrei der Begeisterung: Bei den Winterspielen 1964 in Innsbruck flog er vor 60.000 enthusiastischen Fans, die für einen neuen Zuschauer-Weltrekord bei alpinen Ski-Veranstaltungen sorgten, zu Gold im Slalom. Es war für Österreich bereits der vierte (!) Olympiasieg in Serie in dieser Disziplin. Einer, den ein Intrigenspiel einiger Funktionäre fast verhindert hätte. Man hatte ausgerechnet Stiegler ausbooten und aus dem Team werfen wollen. In einem Sportverband, der damals von den großen, traditionsreichen Alpinländern Tirol und Vorarlberg fast in Mafia-Manier geführt wurde, war man als Osttiroler nicht immer erwünscht.

Aber Pepi, gelernter Fotograf aus Lienz, bewahrte trotz der verbalen Schlammschlacht im Vorfeld und trotz der enormen Erwartungshaltung der Massen die Ruhe: Er war auf dieser Slalompiste genauso schnell und perfekt wie im Umgang mit der Kamera und triumphierte vor Bill Kidd und Jim Heuga. Beide waren US-Amerikaner, was irgendwie bezeichnend für sein weiteres Leben sein sollte …

Nach den Olympischen Spielen beendete der damals erst 27-Jährige am Höhepunkt seines Sportler-Lebens die Karriere. Nur ein Jahr später wanderte er in die USA aus. Stiegler war maßgeblich am Aufbau der Skischule in Jackson Hole, Wyoming, beteiligt und wurde sogar in die amerikanische „Ski Hall of Fame“ aufgenommen.

Womit wir wieder bei Resi wären. Die Tochter des Olympiasiegers kam 1985 in Jackson Hole zur Welt, wuchs auch dort auf, und so war es für sie nie ein ernsthaftes Thema, vielleicht für Österreich zu starten. Sie spricht zwar mehrere Sprachen sehr gut bis perfekt, deutsch allerdings nur wenige Worte. Resi Stiegler zählte zur absoluten Weltspitze im Slalom, bis sie im Dezember 2007 schwere Verletzungen zurückwarfen: Sie brach sich den linken Unterarm, das rechte Schienbein und zog sich Kreuzbandverletzungen im rechten Knie zu. Erst über ein Jahr danach feierte sie bei der WM 2009 in Val d’Isère ihr Comeback.

Der schwere Sturz war in Lienz passiert: ausgerechnet im Heimatort ihres Vaters …

*Slalom-Triumph vor 60.000 Fans: Der Osttiroler Stiegler siegte in der Alpin-Hochburg Tirol.*

Geboren am 27. August 1928 in Lech am Arlberg.

**OLYMPISCHE MEDAILLEN**
GOLD Slalom Oslo 1952
SILBER Abfahrt Oslo 1952

**WEITERE ERFOLGE**
1-mal WM-Gold: 1952 Slalom
1-mal WM-Silber: 1952 Abfahrt

*Der Slalom-Star mit dem scharfen Schuss. Nach der Ski-Karriere wechselte Othmar Schneider ebenfalls höchst erfolgreich ins Lager der Sportschützen.*

# OTHMAR SCHNEIDER

## „BIATHLON" EINMAL ANDERS

Biathlon, das weiß man, ist eigentlich die Kombination von Langlauf und Schießen. Othmar Schneider hat diese Disziplin für sich selbst etwas abgewandelt. Einst erfolgreich auf den Alpinpisten, wechselte er später zu den Sportschützen. Er wurde 34-facher österreichischer Staatsmeister, gewann 1974 bei der Weltmeisterschaft in Thun sowie ein Jahr später bei der Europameisterschaft in Bukarest Bronze mit dem Team und war danach Trainer der österreichischen Nationalmannschaft. Nur bei Olympischen Spielen durfte er in seiner zweiten Karriere nicht starten, weil er einst auch in Nordamerika als Profi um Ski-Siege gekämpft hatte.

Seinen größten Erfolg feierte einer der vielseitigsten österreichischen Sportler aller Zeiten dennoch bei Olympia. 1952 holte er in Oslo nicht nur Silber in der Abfahrt, sondern auch Gold im Slalom, womit er sich als erster österreichischer Olympiasieger in dieser Disziplin auch einen ewigen Platz in der rot-weiß-roten Sportgeschichte sicherte.

Schneider leitete mit seinem Triumph aber auch einen höchst beeindruckenden Slalom-Siegeszug ein: Durch ihn, durch Toni Sailer 1956, durch Ernst Hinterseer 1960 und durch Pepi Stiegler 1964 holte Österreich damals bei Winterspielen gleich vier Goldene in Serie. Dass bis zum nächsten Triumph durch Thomas Stangassinger genau 30 Jahre vergehen sollten, war damals nahezu unvorstellbar. Aber in den Siebzigerjahren wurde Österreich zur Abfahrtsnation. Und die „Zickzack-Fahrer", wie man sie mit einem Anflug von Geringschätzung nannte, waren für viele nur noch ein lästiges Anhängsel.

Erst langsam konnte die Ski-Nation Nummer eins deshalb auch in dieser Disziplin wieder Siege feiern. Durch Stangassinger und seinen kongenialen Mannschaftskollegen Thomas Sykora, vor allem aber später durch Benni Raich und Mario Matt: Die beiden Tiroler, die schon von Kindheit an gemeinsam Rennen gefahren waren, wurden innerhalb weniger Jahre zu den erfolgreichsten österreichischen Weltcup-Torläufern der Geschichte. Und sie waren hauptverantwortlich dafür, dass es nach der Jahrtausendwende eine ähnlich imposante rot-weiß-rote Gold-Serie im Slalom gab wie einst in den Fünfziger- und Sechzigerjahren: Matt wurde 2001 in St. Anton vor fast 60.000 begeisterten Fans Weltmeister. Raich, damals von seinem Teamkollegen nur knapp geschlagen, holte vier Jahre danach in Bormio den Titel und war 2006 auch bei Olympia erfolgreich, bei der WM 2007 triumphierte abermals Matt, zwei Jahre später bei den Titelkämpfen mit Manni Pranger wieder ein Tiroler. Macht fünf Slalom-Goldene innerhalb von acht Jahren. In der Abfahrt holte die einstige Abfahrts-Nation im gleichen Zeitraum „nur“ drei ...

*Mit seinem Triumph in Oslo leitete Schneider eine große rot-weiß-rote Slalom-Siegesserie ein.*

i

Geboren am 5. November 1970 in Rankweil.

**OLYMPISCHE MEDAILLEN**
GOLD Kombination Nagano 1998

**WEITERE ERFOLGE**
1-mal WM-Silber: 1996 Slalom
1-mal WM-Bronze: 1997 Kombination
3 Weltcupsiege (1 Riesentorlauf, 2 Slalom)

# MARIO REITER

## „MEIN BLICK SAGTE MEHR ALS TAUSEND WORTE“

Es war der 13. Februar 1998. Die japanischen Wetterkapriolen mit unaufhörlichen Schneestürmen hatten auch das Programm der alpinen Kombination durcheinandergewirbelt. Der Slalom war vorgezogen worden, die Abfahrt wurde am Nachmittag gefahren, wenige Stunden nachdem Hermann Maier in der Spezial-Abfahrt so schwer gestürzt war. „Aus meiner Sicht war

das natürlich eine ungute Situation", sagt Mario Reiter heute noch, „weil es etwas gab, das meinen Sieg von der Aufmerksamkeit her total überstrahlt hat . . ."

Für ihn selbst natürlich nicht. „Ich erinnere mich immer noch an den Moment des Abschwingens, an dieses bange Umdrehen in Richtung Zeittafel." Als Slalom-Schnellster war der Slalom-Spezialist als Letzter in die Abfahrt gegangen und ein Sieg über Allround-Stars wie Lasse Kjus alles andere als selbstverständlich. „Ich habe daheim noch immer dieses Foto von dem Moment, in dem ich realisierte, dass ich Olympiasieger bin – mein absolutes Lieblingsbild: Es ist gar kein großer Jubel. Aber mein Blick sagte mehr als tausend Worte."

Nagano war auch eine gewisse Duplizität der Ereignisse. Es holten zwei Skiläufer Gold, deren Karriere Jahre davor fast schon zu Ende schien. Wie Maier war Reiter mit 19, 20 Jahren nach zwei Kreuzbandrissen in keinem Kader mehr zu finden. Wie der Teamkollege kämpfte er allein weiter. Bezahlte das Training selbst, organisierte alles, ohne sich auf die perfekte Struktur des erfolgreichsten Sportverbandes Österreichs verlassen zu können.

Dabei wäre es fast so gekommen, dass es überhaupt nie einen Skiläufer Mario Reiter gegeben hätte. Nicht einmal bei Hobbyrennen. „Ich brach mir mit fünf Jahren bei einer meiner ersten Abfahrten das Bein", erzählt er, „und die Logik eines Kindes ist eben eine sehr einfache. Für mich war es die, dass man sich beim Skifahren wehtut." Nie wieder wollte er deshalb die „zwei Brettln" anschnallen, die in seiner Heimat Vorarlberg fast zum guten Ton gehören. Und sein Vater brauchte viele, viele Monate, um den Sohn vom Gegenteil zu überzeugen.

Die Überredungskunst machte sich bezahlt. Nicht nur wegen Olympia-Gold. Reiter gewann 1997 auch den klassischen Slalom auf dem Ganslernhang von Kitzbühel und holte bei den Weltmeisterschaften 1996 und 1997 Slalom-Silber beziehungsweise Kombi-Bronze. 2001 beendete er mit nur 31 Jahren seine Karriere – nach einer Stil- und Materialumstellung im Slalom, die er heute noch als wahre „Revolution" bezeichnet. Als er damals in einer TV-Sendung leise anklingen ließ, dass man im österreichischen Team den Wechsel auf die kurzen Ski etwas verschlafen habe, zog er sich den Unmut mancher Trainer und Funktionäre zu. 2009 kehrte er im Marketing-Bereich dennoch in den Ski-Verband zurück. „Über die Sache ist schon ein paarmal Schnee gefallen", lächelt er. Fast so viel wie damals in Nagano . . .

*Glückliche Ski-Helden: Olympiasieger Mario Reiter mit Teamkollegen Christian Mayer (re.), der Bronze holte.*

Geboren am 26. Juni 1962 in Warth.

**OLYMPISCHE MEDAILLEN**
GOLD Kombination Calgary 1988
SILBER Riesentorlauf Calgary 1988

**WEITERE ERFOLGE**
1 Weltcupsieg (1 Kombination)

# HUBERT STROLZ

## DER OLYMPIASIEGER, DER VOM STRAND KAM

Ein Bauernhof in Warth in Vorarlberg: Der Wecker läutet hier im Sommer um dreiviertel fünf, vor halb acht, acht am Abend ist der Arbeitstag nicht zu Ende. Und im Winter, wenn der Besitzer die örtliche Skischule leitet und das Ferienhaus der Familie meist restlos ausgebucht ist, ist der Stress nicht minder groß. „Da bleibt eben nur wenig Zeit, um von einem Skirennen zum anderen zu tingeln“, erklärt Hubert Strolz, warum man ihn nur noch selten in all den Wintersportorten, die einst seine Welt bedeutet hatten, sieht.

In dem schmucken Bauernhaus hängen auch seine Olympia-Medaillen. Gold in der Kombination, Silber im Riesentorlauf, beide bei den Spielen 1988 in Calgary geholt. Dabei war es mehr Zufall, dass Strolz Rennläufer wurde. Sein Volksschullehrer, gleichzeitig Bürgermeister von Warth, hatte ihn erst dazu überreden müssen. Der junge Hubsi, eher ein schmächtiges Bürschchen, war von Anfang an gut, aber selten der Beste. „Gegen Marc Girardelli und Christian Orlainsky hab ich im Nachwuchs meistens verloren.“ Auch später handelte er sich den Ruf des „ewigen Zweiten“ ein: Insgesamt 33-mal sollte Strolz bei Weltcuprennen auf dem Podest stehen, aber nur einmal, nach der Kombination in Bad Kleinkirchheim 1988, ganz oben. „Es war vielleicht in letzter Konsequenz wirklich so, dass ich vom Typ her auch mit zweiten Plätzen glücklich war – zu glücklich“, sagt er heute entwaffnend offen.

Aber an diesem Februartag 1988 stand dennoch ER ganz oben. Nach einem der wichtigsten Rennen seiner Karriere. Der große Italiener Alberto Tomba war der Superstar dieser Spiele, hinter ihm holte Strolz Riesentorlauf-Silber. Schon wieder Zweiter! Aber die Goldene hatte er zu diesem Zeitpunkt ohnehin schon in der Tasche. In der Kombination war ein wenig von dem Hundertstel-Pech, das ihn so oft verfolgte, als Glück zurückgekommen. „Natürlich profitierte ich vom Ausfall des Pirmin Zurbriggen – er hätte wahrscheinlich im Schneepflug runterfahren können und immer noch gewonnen“, sagt Strolz heute noch. Aber wer fragt schon danach 20 Jahre später? „Den Erfolg hat keiner so verdient wie er“, freute sich sogar der große Ingemar Stenmark mit dem Hubsi. Und Strolz schmunzelt: „Calgary war eben wirklich

*Insgesamt 33-mal war Hubert Strolz im Weltcup Zweiter – aber in Calgary stand nach der Kombination er ganz oben.*

mein Glücksort!" Aber dahinter steckte ein höchst „sonniges" Geheimnis. „Ich habe mich auf die Spiele recht unorthodox vorbereitet. Statt Skifahren zu gehen, bin ich mit einigen Kollegen nach Jamaika geflogen. Als wir in Calgary ankamen, sind wir fast erfroren – es hatte minus 20 Grad, was für uns einen Temperatursturz von etwa 50 bedeutete." Der Olympiasieger, der vom Strand kam …

… und vielleicht nicht der letzte, der den Namen Strolz trägt. Huberts Sohn Johannes gilt als eine der großen Zukunftshoffnungen im ÖSV. Und wenn er einmal die Weltcup-Pisten erobert, wird sicher auch der Herr Papa wieder öfter anzutreffen sein – Stress hin, Stress her.

*Vom Strand auf die Slalompiste – Strolz hatte im kalten Kanada ein sommerlich-warmes Geheimnis.*

i

Geboren am 13. Jänner 1976 in Zell am See.

**OLYMPISCHE MEDAILLEN**
GOLD Sprint Turin 2006
GOLD Team Turin 2006
SILBER Einzel Turin 2006
BRONZE Einzel Salt Lake City 2002
BRONZE Sprint Salt Lake City 2002
BRONZE Team Salt Lake City 2002

*Mit den drei Medaillen in Turin wurde Gottwald von der Anzahl her zum erfolgreichsten Olympioniken Österreichs.*

# FELIX GOTTWALD

# DAS GENUSSPROJEKT DES REKORDMANNES

Der Autor Felix Gottwald war höchst erfolgreich. Fast ebenso wie davor der Felix Gottwald der Schanzen und Loipen. Seine Biografie „Ein Tag in meinem Leben" wurde zu einem der absoluten Bestseller unter Österreichs Sportbüchern der letzten Jahre. Allerdings ist sie – und er wird uns diese Feststellung sicher verzeihen – unvollständig. Es fehlt die Geschichte seines Comebacks.

Komplett, keine Zeile ist darüber zu finden. „Als ich das Buch geschrieben habe", lächelt er, „hätte ich es auch nie für möglich gehalten, dass so etwas passieren kann . . ."

Es war der 1. März 2009. „Sport-Pensionist" Gottwald war gerade auf der Heimfahrt von der Nordischen Weltmeisterschaft in Liberec, wo er als Fachkommentator des ORF gearbeitet hatte. Die Kombinierer hatten bei den Titelkämpfen maßlos enttäuscht, und wahrscheinlich sagte deshalb sein neben ihm sitzender ehemaliger Servicemann Georg Reisenauer knapp vor Linz plötzlich: „Felix, unter welchen Voraussetzungen könntest du dir eigentlich vorstellen, dass du zurückkehrst?" Monate später musste Gottwald noch immer darüber schmunzeln. „Wir haben von Linz bis Werfen darüber diskutiert und als ich dort aus dem Auto ausgestiegen bin, war dieses Thema für mich erledigt. Ein für alle Mal." Oft überrascht man sich selbst . . .

. . . denn am 2. März begann er in aller Herrgottsfrüh trotzdem wieder mit dem Training. „Mir ließ das keine Ruhe mehr und ich sagte zu mir: Schau einmal, ob dir das wieder Spaß macht oder ob es dich sowieso nur anzipft." Es machte Spaß.

Nordic Combined
torino 2006
4
12
Nordic Combined
torino 2006
HALTI
AUSTRIA
SALOMON

**i**

**WEITERE ERFOLGE**
1-mal WM-Gold: 2003 Team
2-mal WM-Silber: 2001 Team; 2003 Einzel
5-mal WM Bronze: 1997 Team; 2001 Einzel; 2003 Sprint; 2005 Einzel, Team
20 Weltcupsiege

Und wie. Ein paar Monate danach gab er offiziell sein Comeback bekannt. Natürlich waren dafür auch die Olympischen Spiele einer der Auslöser. Weit eher jedenfalls als Statistiken oder Rekorde, die Gottwald ohnehin schon 2006 in Turin aufgestellt hatte, als er drei weitere Medaillen holte und mit insgesamt sechs schon damals zum von der Anzahl her erfolgreichsten österreichischen Olympioniken aller Zeiten wurde. „Aber eine Goldene", sagt er mit gewohnt sympathischer Bescheidenheit, „ist mehr wert als hundert Bronzene. So gesehen hab ich mich nie wirklich als Nummer eins gefühlt".

Was ihn hauptsächlich zur Rückkehr in den Spitzensport trieb, war das Glücksgefühl der Sieger. „Der Moment, in dem du die Ziellinie überquerst, ist mit all seinen Emotionen so unbeschreiblich, dass du fast süchtig danach werden kannst." So wie jene Sekunden in Turin, als sei-

ne Goldene im Sprint und mit der Mannschaft feststanden. „Für mich sind diese Olympiasiege wie eine schöne Blume, die man sorgsam und lange pflegen muss, bis sie in voller Blüte strahlt", beschrieb es Gottwald philosophisch.

Ganz ähnlich betrachtete er sein Comeback vom ersten Tag an. „Mein oberstes Ziel ist, dass das Comeback für mich ein Genussprojekt ist und dass es das auch bis zum Schluss bleibt." Ein Genussprojekt, dessen Krönung die Olympischen Spiele 2010 sind.

Aber es würde ganz und gar nicht dem Vollblut-Sportler Gottwald entsprechen, wenn daraus nicht auch ein Erfolgsprojekt werden würde. Neben den neuerlichen Trainingsqualen nahm er dafür gern noch etwas in Kauf: die große „Gefahr", ein neues Buch schreiben zu müssen – um auch die Sternstunden seiner „zweiten Karriere" zu dokumentieren ...

*Gottwald mit seinen Kombinierer-Kollegen Stecher, Bieler und Gruber.*

**i**

Geboren am 30. Oktober 1986 in Spittal an der Drau.

**OLYMPISCHE MEDAILLEN**
GOLD Großschanze Turin 2006
GOLD Team Turin 2006

**WEITERE ERFOLGE**
5-mal WM-Gold: 2005 Team Normalschanze, Team Großschanze; 2007 Team; 2008 Team Fliegen; 2009 Team
3-mal WM-Bronze: 2004 Team Fliegen; 2006 Fliegen; 2007 Normalschanze
12 Weltcupsiege

# THOMAS MORGENSTERN

# „MAMA, DANN BEKOMMST EIN CABRIO"

*Thomas Morgenstern „bekam" in Turin zwei Olympia-Goldene, seine Mutter ein Cabrio.*

Eines Tages steht ein junger Mann, eben vom Urlaub heimgekehrt, mit einer riesigen Schachtel vor seinem Elternhaus in Seeboden in Kärnten. Darin ist eine etwas kleinere Schachtel, dann noch eine und noch eine und wieder eine. Bei der fünften oder sechsten fragt seine Mutter Gudrun: „Was kommt da jetzt: eine Halskette oder Reisegutscheine?" Aber in der winzig kleinen letzten Schachtel liegt ein Autoschlüssel für ein silbernes VW-Cabrio. Mit dem löste ihr Sohn eine alte Wette ein. „Mama, dann bekommst ein Cabrio", hatte er ihr Jahre zuvor versprochen. „Sie behauptet, es ging damals um Olympia-Gold, ich denke, es war eher der Weltcupsieg." Aber egal: Thomas Morgenstern hatte schon mit 21 Jahren beides gewonnen ...

Szenenwechsel auf den wenige Kilometer entfernten Fußballplatz des SV Lendorf. Vor dem Match der Kärntner Liga nennt der Platzsprecher bei der Aufstellung fünfmal den Namen Morgenstern. Der Trainer heißt ebenfalls so: Sein Vorname ist Alois, in den Siebzigerjahren war er einer der besten Slalomläufer Österreichs und 1976 Olympia-Teilnehmer. „Er ist mein Onkel", erzählt Thomas, „die Spieler sind ebenfalls alle Cousins oder Onkel". Und das kleine, schmucke Stadion ist nach ihm, dem berühmtesten Mitglied der Sportlerfamilie benannt: „Thomas-Morgenstern-Arena".

Jahrelang spielte er selbst bei dem kleinen Verein. „Ich war immer der Mittelstürmer, der Goalgetter." Nach dem Training am 19. Juni 1999 saß der damals Zwölfjährige mit seinem Freund Jürgen vor dem Fernsehapparat. Sie sahen, wie die Winterspiele 2006 an Turin und nicht wie erhofft an die Dreiländer-Bewerbung von Kärnten, Italien und Slowenien vergeben wurden. „Macht nix", sagten die beiden Burschen, „wir sind dort trotzdem dabei. Als Sportler, und wenn das nicht klappen sollte, dann zumindest als Fans".

„Geh, hörts auf", schüttelte Mutter Morgenstern den Kopf, „redets nicht so einen Blödsinn". Aber es waren die Minuten, in denen ihr Sohn die Entscheidung seines Lebens fällte: gegen den Fußball und für den Skisprungsport. Es war die einzig richtige. Für ihn selbst, für das Sportland Österreich. Sieben Jahre später stand er in Turin wirklich ganz oben.

Auf der Normalschanze war er ein Opfer der Wetterbedingungen und nur Neunter gewesen. „Im ersten Moment dachte ich: Shit, das war's mit diesen Spielen. Aber am nächsten Morgen wachte ich mit diesem ganz speziellen Gefühl auf. Ich spürte plötzlich, dass ich unbesiegbar bin . . ."

Vor dem Springen auf der Großschanze schrieben Thomas und sein Mentaltrainer Christian Uhl ihre Erwartungen auf kleine Zettel. „Keiner wusste, was auf dem des anderen stand. Und gesprochen haben wir eigentlich immer nur von einer Medaille", erzählt Thomas. Aber als sie die Zettel am späten Abend öffneten, war auf beiden dieses eine Wort zu lesen: GOLD.

„Man gibt das als Sportler nicht immer gern zu", erinnerte sich Morgenstern Jahre später, „aber es war damals wahrscheinlich wirklich so, dass für mich nur der Sieg gezählt hat, sonst nichts". Dass es nur 0,1 Punkte waren, um die er vor seinem Freund und Zimmerkollegen Andi Kofler lag, ist dem fairen Sportsmann bis heute fast unangenehm. „Ich hab ihm gegenüber seither nicht einmal einen Schmäh darüber gemacht. Und ich bewundere immer noch, wie er damit umgegangen ist."

Wenige Tage danach jubelten die beiden nach dem Sieg im Teambewerb mit ihren Kollegen Andi Widhölzl und Martin Koch dann gemeinsam auf dem Podest, von dem andere Sportler ein Leben lang vergeblich träumen. Thomas Morgenstern war Doppel-Olympiasieger: mit nicht einmal 20 Jahren und als erster österreichischer Skispringer überhaupt . . .

Geboren am 1. April 1958 in Bezau.

**OLYMPISCHE MEDAILLEN**
GOLD Normalschanze Lake Placid 1980
SILBER Großschanze Innsbruck 1976

**WEITERE ERFOLGE**
1-mal WM-Gold: 1980 Normalschanze
2-mal WM-Silber: 1976 Großschanze; 1997 Fliegen
2 Weltcupsiege

# ANTON INNAUER

## HÖHENFLÜGE MIT DEM WUNDERKNABEN

*In Lake Placid 1980 stand Toni Innauer ganz oben auf der Treppe.*

Im „k47" bat Österreichs Ski-Präsident Peter Schröcksnadel im September 2009 zu seinen traditionellen Herbst-Gesprächen. Es war der Tag, an dem nach den großteils ohnehin lächerlichen Doping-Anschuldigungen von Turin 2006 endgültig alle Team-Mitglieder des Ski-Verbandes vom Olympischen Komitee voll rehabilitiert wurden: Sieger-Stimmung! Beim Blick durch die Glasfront des elitären Klubs am Franz-Josef-Kai auf die Dächer Wiens kamen ebenfalls fast automatisch Gedanken an Höhenflüge auf. Und bei dem Mann, den wir hier für dieses Buch trafen, sowieso: Toni Innauer!

Er war der „Überflieger" einer Zeit, in der von V-Stil noch keine Rede war. Sie gaben ihm den Beinamen „Wunderknabe", im Jahr 1976 flog er auf die damalige Weltrekord-Weite von 176 Metern, bekam dafür fünfmal die Traumnote 20,0 – dabei hatte er damals seinen 18. Geburtstag noch vor sich. Wenige Wochen davor war er in Innsbruck gestanden: auf dem Podest, mit Olympia-Silber um den Hals und fuchsteufelswild. „Alles", denkt er zurück und muss dabei über sich selbst lächeln, „was damals geschrieben wurde, hat gestimmt: Ich hatte eine Mordswut im Bauch!" Als klar Führender nach dem ersten Durchgang hatte er die sicher scheinende Goldene noch an Teamkollegen Karl Schnabl verloren. „Ich habe danach eineinhalb Jahre gebraucht, bis ich draufgekommen bin, dass das ganz allein meine Schuld war . . ."

Vier Jahre nach den Spielen in Innsbruck sollte alles ganz anders sein. In Lake Placid war keine Rede mehr von einem Gold-Favoriten namens Toni Innauer. Er hatte sich schwer verletzt, konnte fast ein Jahr lang keinen Wettkampf bestreiten und musste sich bei den Winterspielen 1980 für das Springen auf der Normalschanze erst in der mannschaftsinternen Qualifikation behaupten. Knapp vor dem Springen wechselte er noch die Schuhe, um mit den brandneuen und zuvor nicht getesteten sein allergrößtes Ziel zu erreichen. „Die Annemarie Moser-Pröll hat am gleichen Tag Gold geholt", erinnert sich Innauer, „dass wir nach unseren Siegen in einem Auto zur Siegerehrung gefahren sind, war fast symbolisch". Weil auch sie pausiert hatte, vor allem aber, weil auch ihr als Seriensiegerin, als Beste der Welt, diese eine,

die allerwichtigste Medaille noch gefehlt hatte.
Wie Moser-Pröll beendete Innauer noch im selben Jahr seine Karriere. Er war erst 22. „Ich verletzte mich im Dezember erneut und damit war für mich Schluss. Die Goldene hatte ich ja schon. Sonst hätte ich wahrscheinlich weitergemacht, aber so war sie für mich abgerundet, die Karriere." Allerdings nur die erste. Innauer studierte Sport, Pädagogik und Philosophie und konnte als Trainer und Nordischer Direktor über noch weit mehr Erfolge jubeln als in seinem Sportlerleben. Über manche davon freute er sich fast überschwänglicher als einst über die eigenen. „Man kann das in ganz anderen Facetten erleben und oft viel besser auskosten", erklärt er und denkt dabei auch an seinen Sohn. Mario hat das enorme Talent seines Papas geerbt. Und die Sturheit, die den jungen Toni vor allem in den Anfangsjahren stets begleitet hatte. „Aber gegen ihn", sagt der Vater und muss dabei wieder lächeln, „war sogar ich einfach zu behandeln ..."

**i**

Geboren am 8. März 1954 in Achomitz.

**OLYMPISCHE MEDAILLEN**
GOLD Großschanze Innsbruck 1976
BRONZE Normalschanze Innsbruck 1976

**WEITERE ERFOLGE**
1-mal WM-Gold: 1976 Großschanze
2-mal WM-Bronze: 1975 Fliegen; 1976 Normalschanze
3 Weltcupsiege

## KARL SCHNABL

# DIE GOLDENE PREMIERE DES SPRUNG-DOKTORS

Es waren die Zeiten des rot-weiß-roten Adler-Wunders. Unter dem innovativen Professor Baldur Preiml wuchsen den österreichischen Skispringern gleichsam Flügel. In einer Sportart, in der Erfolge in den Jahren davor etwa so selten gewesen waren wie brasilianische Abfahrts-Triumphe, entstand innerhalb kurzer Zeit ein Wunderteam. Mit Willi Pürstl, Reini Bachler, vor allem aber mit Karl Schnabl und Toni Innauer, beide blutjung, cool, wie man heute sagen würde, und geradezu süchtig nach Erfolgen. Das Team war plötzlich so stark, dass bei den Spielen 1976 sogar Schnabls Bronzene als Misserfolg gehandelt wurde. Statt Jubel-Meldungen über eine Medaille, die vier Jahre davor noch als absolute Sensation gegolten hätte, waren Schlagzeilen wie „Bei unserem Team haben die Nerven nicht gehalten" zu lesen.

Knapp eine Woche später hielten sie. Und wie. Sogar diesem Thriller auf dem Schanzentisch mit – wegen der extrem langsamen Spur – äu-

*Innsbruck war 1976 in „Kärntner Hand": Nach Franz Klammer in der Abfahrt siegte sein Landsmann Schnabl im Skispringen.*

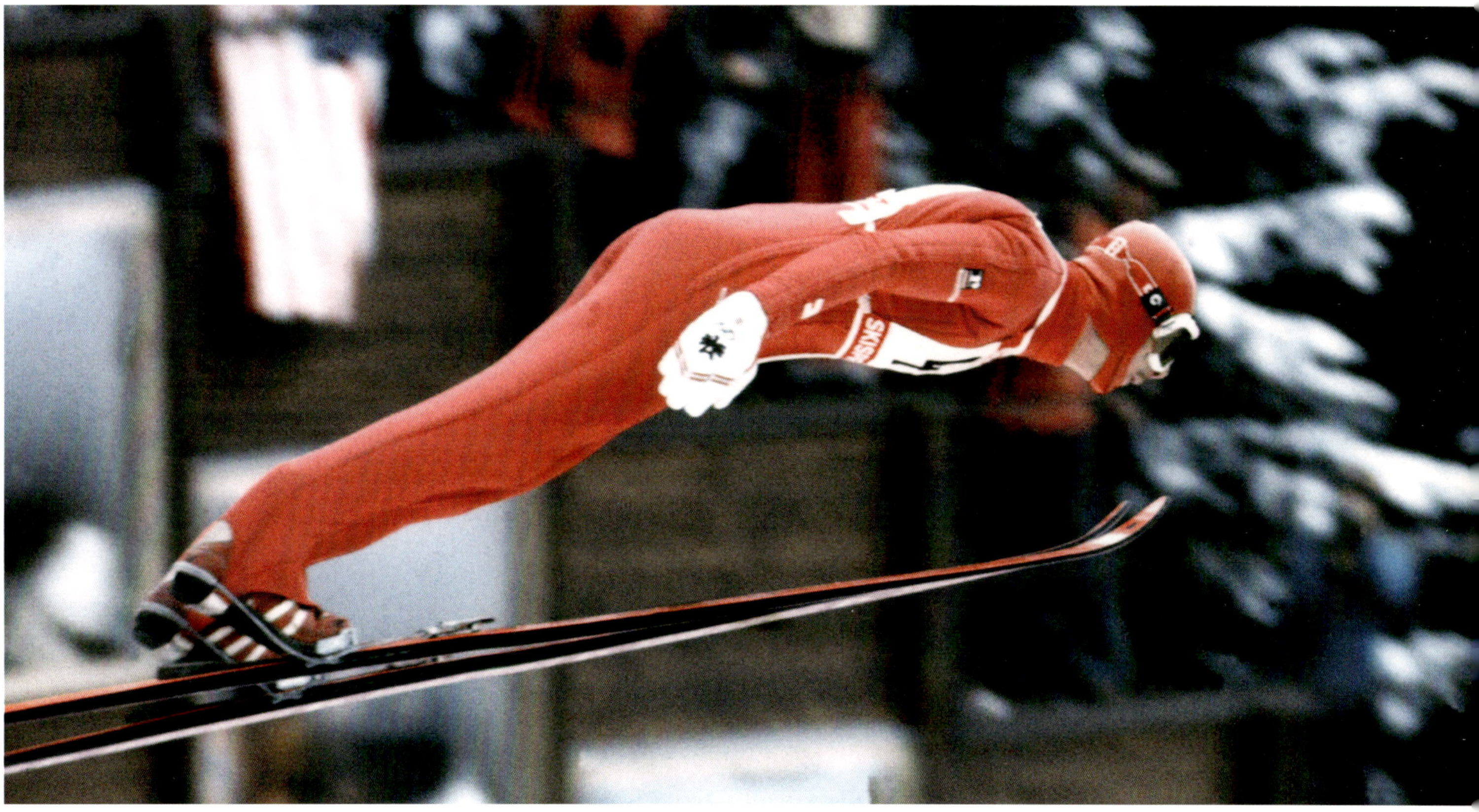

ßerst schwierigen Bedingungen waren die beiden jungen Teufelskerle gewachsen: Nach dem ersten Sprung führte der damals erst 17-jährige Innauer ganz überlegen vor dem Normalschanzen-Triumphator Jochen Danneberg aus der DDR sowie seinem vier Jahre älteren Landsmann Schnabl. Und das Finale sollte zum packenden rot-weiß-roten Duell um Gold und Silber werden. Innauer sprang als Erster, kam nur auf 91 Meter, aber aufgrund der sich damals auch im zweiten Durchgang nach der Nummer richtenden Sprung-Reihenfolge stand schon fest: Österreich hat erstmals überhaupt einen Olympiasieger im Skispringen!

Trainer-Legende Preiml funkte rauf auf den Olympia-Bakken: „Charly, das ist genau dein Schnee." Und Karl Schnabl segelte trotz der bereits extrem stumpfen Spur auf 97 Meter und zur goldenen Premiere für Österreich. Nach Franz Klammer in der Abfahrt hatte auch für den zweiten Triumph bei diesen Heimspielen ein Kärntner gesorgt. Schnabl stammt aus Achomitz in der Gemeinde Hohenthurn im deutsch-slowenischsprachigen Gebiet Kärntens. Sein Empfang in der Heimat nach dem Olympiasieg wurde von Deutschnationalen durch Pfiffe, Zwischenrufe und Abschalten des Mikrofons gestört.

Was Schnabls Freude aber nur für wenige Minuten truben konnte. Er bedankte sich vor allem bei Baldur Preiml und verriet sein Geheimnis von der Schellbach-Methode. „Früher war ich schrecklich unkonzentriert, verhaute Sprünge. Aber seit mich Preiml mit ihr vertraut machte, bin ich ein anderer Mensch." Mit Schallplatten oder Büchern hatte er sich in die positive Lebenslehre hineingearbeitet und den Leitsatz zu seinem eigenen gemacht: „Du kannst alles, wenn du es bewusst ansteuerst."

Was Karl Schnabl auch in seinem Leben nach der Karriere, die er nur zwei Jahre nach Innsbruck beenden sollte, bewies: 1984 schloss er sein Medizinstudium ab, seit 1994 leitet der Doktor unter Österreichs Olympiasiegern das Sportmedizinische Institut des Landes Kärnten ...

Geboren am 25. Juni 1964 in Absam.

**OLYMPISCHE MEDAILLEN**
GOLD Normalschanze Albertville 1992
SILBER Team Albertville 1992

**WEITERE ERFOLGE**
1-mal WM-Gold: 1991 Team
1-mal WM-Silber: 1985 Team
3-mal WM-Bronze: 1987 Team, Großschanze; 1993 Team
15 Weltcupsiege

# ERNST VETTORI

## DER REVOLUTION ERSTER GROSSER SIEGER

*Das V, das den Adlern Flügel wachsen ließ: Vettori holte den ersten ganz großen Triumph mit dem neuen Skisprung-Stil.*

Seit zwölf Jahren hatte Österreich keinen Olympiasieger im Skispringen mehr feiern können. Der Letzte, der es geschafft hatte, stand an diesem Februartag 1992 in Trainer-Kluft am Schanzentisch von Courchevel und fieberte mit seinen Schützlingen mit. Und Sekunden nachdem sich Ernst Vettori in seinem bereits dritten Olympia-Anlauf nach Sarajevo und Calgary doch noch vergoldet hatte, jubelte er: „Ich bin fast glücklicher als damals bei meinem eigenen Sieg."

Es gibt einige Parallelen zwischen den beiden Triumphen: Wie Toni Innauer zwölf Jahre zuvor hatte der lebenslustige, sympathische Ernst Vettori unmittelbar vor den Spielen in Villach den Staatsmeister-Titel geholt. Und wie der nunmehriger Trainer 1980 in Lake Placid flog er mit der Glücksnummer 20 zu Gold. Nur das Skispringen an sich, sein Stil, hatte mit dem, was einst sein Freund gemacht hatte, so gut wie nichts mehr zu tun.

Rückblende um ein paar Jahre: Aufgrund eines Absprungfehlers reißt es dem Schweden Jan Boklöv die Ski mit beständiger Regelmäßigkeit vorne auseinander. Bald merkt er, dass er mit dieser Art des Fliegens meist weit größere Weiten erzielt als mit der herkömmlichen parallelen Sprungtechnik. Er muss zwar große Punkteabzüge in Kauf nehmen, wegen der enormen Weiten stellen sich aber trotzdem diverse Erfolge ein. Logisch, dass da die ersten Nachahmer nicht lange auf sich warten lassen. Große Skisprung-Nationen, zu denen auch Österreich zählt, sind anfangs dagegen eher skeptisch. „Aber die Annahme, dass das reiner Blödsinn ist, die ist uns rasch vergangen", erinnert sich Vettori.

Er selbst hatte zweimal die traditionelle Vierschanzen-Tournee gewonnen und 13 Weltcup-Erfolge gefeiert, als er sich im Sommer 1991 entschloss, ebenfalls die Technik umzustellen. „Ich war bereits 27, und sich in dem für Skispringer schon recht hohen Alter auf was ganz Neues einzulassen war nicht unriskant. Aber ich hatte damals sowieso ein gewisses Manko in der Flugtechnik, und im Windkanal stellte sich rasch heraus, dass es aerodynamisch wirklich viel besser ist.“ Wenige Monate später holte er mit dem V-Stil olympisches Gold auf der Normalschanze und war damit der erste Sieger eines Großereignisses mit dieser Technik, die den Skisprungsport nachhaltig revolutioniert hat.

Sporthistorisch wie jener 9. Februar 1992: Mit Gold und Bronze in der Herren-Abfahrt durch Patrick Ortlieb und Günther Mader, Eisschnelllauf-Bronze durch Emese Hunyady sowie dem Doppelsieg im Springen durch Ernst Vettori und Martin Höllwarth konnte Österreich am ersten Wettkampf-Tag der Spiele in Albertville gleich über fünf Medaillen jubeln – bis heute einer der erfolgreichsten Tage der rot-weiß-roten Sportgeschichte. „Natürlich haben wir uns über den Erfolg der Abfahrer, die vor uns an der Reihe waren, gefreut. Aber du bist vor Wettkämpfen so mit deiner eigenen Sache beschäftigt, dass du dich nicht lange damit aufhalten darfst.“

Mittlerweile kann er als langjähriger Marketing-Verantwortlicher des Skiverbandes für den nordischen Bereich große Wettkämpfe zumindest etwas gelassener erleben: Wenn er den Österreichern die Daumen drückt und hautnah miterlebt, wie selbstverständlich der einst futuristische V-Stil für Morgenstern, Schlierenzauer & Co. längst geworden ist.

*Vettori und Innauer, den der Sieg des Freundes fast mehr freute als Jahre davor der eigene.*

Geboren am 22. Dezember 1974 in Aigen im Mühlkreis.

**OLYMPISCHE MEDAILLEN**
GOLD 30 km Salt Lake City 2002
BRONZE 50 km Nagano 1998

**WEITERE ERFOLGE**
1-mal WM-Gold: 1999 Staffel
2 Weltcupsiege

## CHRISTIAN HOFFMANN

# DIE GOLDENE, DIE MIT DER POST KAM

*In Salt Lake City jubelte Hoffmann auch über Platz zwei völlig losgelöst – aber längst wurde aus Silber Gold.*

Sie sprinteten um Silber: Christian Hoffmann gegen seinen Teamkollegen Michail Botwinow. Im 50-Kilometer-Langlauf und somit in einer Sportart, die in der Alpinnation Österreich viele, viele Jahre im Dornröschen-Schlaf gelegen war. „Ich bin heilfroh, dass ich den Sprint damals voll durchgezogen habe", sagt „Hoffi", wie ihn seine Freunde noch heute nennen. Denn zwei Jahre später war es nicht mehr Silber, das in seinem Trophäenschrank hing, sondern Gold . . .

Johann Mühlegg war immer eine der schillerndsten Figuren der Langlauf-Szene. Er ließ sich jeden Morgen von einer Portugiesin sein tägliches Wasser weihen und trennte sich – weil er sich und seine Methoden missverstanden fühlte – vom deutschen Verband, um für Spanien zu starten. Bei den Olympischen Spielen gewann er drei Goldene, wozu ihm sogar König Juan Carlos höchstpersönlich gratulierte. Dennoch sucht man den Namen Mühlegg auf der olympischen Ehrentafel vergeblich: Aufgrund einer positiven Dopingkontrolle wurden ihm die Goldenen aberkannt. Alle, auch jene in der Königsdisziplin über 50 Kilometer.

Plötzlich hatte nicht mehr Spanien seinen allerersten Olympiasieger im Langlauf, sondern Österreich. Christian Hoffmann, damals knapp 30-jähriger Oberösterreicher, wurde am 15. März 2004 hochoffiziell zum Sieger erklärt, mehr als zwei Jahre nach dem denkwürdigen rot-weiß-roten Zielsprint von Salt Lake. Mühlegg musste seine Medaillen zurückgeben, eine davon bekam Hoffmann. Das IOC schickte sie mit der

Post an den österreichischen Ski-Verband, der dann wenigstens eine offizielle Übergabe organisierte. „Aber natürlich war es von den Emotionen her bei Weitem nicht so, wie wenn du sie wirklich bei den Spielen bekommst, dabei die Hymne erklingt und die rot-weiß-rote Fahne vor dir aufgezogen wird."
Jahre später fiel der Name des Mannes, der durch die positive Dopingprobe eines Kollegen Gold bekam, wieder im Zusammenhang mit Doping. Im Skandal rund um Radstar Bernhard Kohl tauchten auch Verdächtigungen gegen Hoffmann auf und sogar die Staatsanwaltschaft ermittelte. Dass er seiner Biografie den Titel „Vom Knastbruder zum Olympiasieger" gab, hatte damit aber nichts zu tun. Jahre vor Salt Lake hatte er bei einem Trainingslager in Russland seinen Pass vergessen. Weil die Betreuer zufällig den Pass eines Teamkollegen, der den Trip aber in letzter Sekunde absagen hatte müssen, dabei hatten, reiste er mit diesem ein. Wer die oft sehr strengen Kontrollen auf dem Moskauer Flughafen kennt, weiß, dass das auf Dauer nicht gut gehen konnte. Vor der Ausreise kamen Zollbeamte ins Teamhotel und verhafteten Hoffmann. Drei Tage saß er in einem russischen Gefängnis. Mit Betrügern, Dieben und Schwerverbrechern. Aber vielleicht holte er sich in diesen Stunden einen Teil jener Härte, die ihn später zum erfolgreichsten Langläufer Österreichs machen sollte . . .

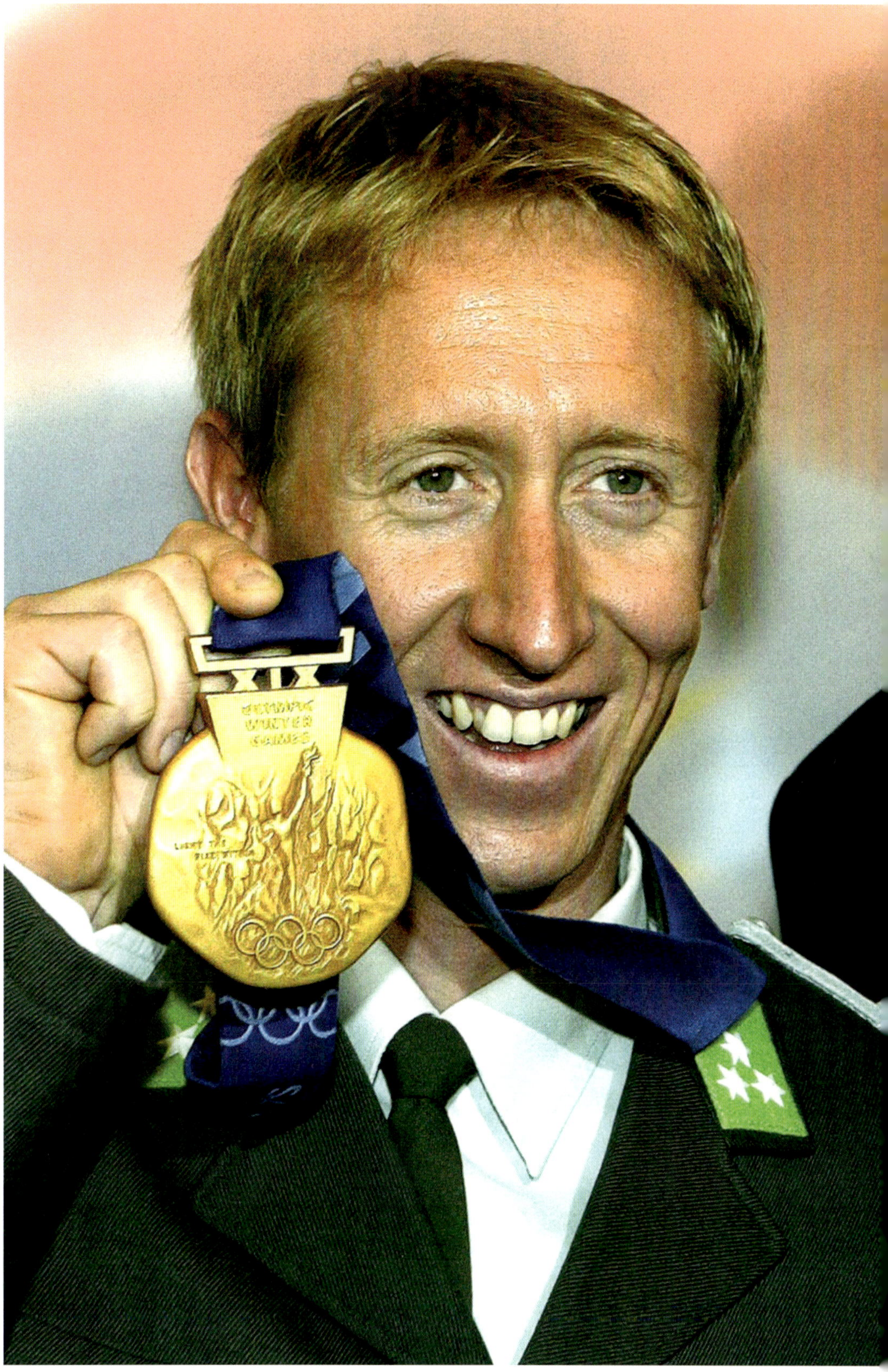

**SPRINGER-TEAM**
Martin Koch, geboren am 22. Jänner 1982 in Villach;
Andreas Kofler, geboren am 17. Mai 1984 in Innsbruck;
Thomas Morgenstern, geboren am 30. Oktober 1986 in Spittal an der Drau;
Andreas Widhölzl, geboren am 14. Oktober 1976 in St. Johann in Tirol

**OLYMPISCHE MEDAILLEN**
GOLD Teambewerb Springen Salt Lake City 2006

**KOMBINIERER-TEAM**
Christoph Bieler, geboren am 28. Oktober 1977 in Hall in Tirol;
Felix Gottwald, geboren am 13. Jänner 1976 in Zell am See;
Michael Gruber, geboren am 5. Dezember 1979 in Schwarzach
Mario Stecher, geboren am 17. Juli 1977 in Eisenerz

**OLYMPISCHE MEDAILLEN**
GOLD Teambewerb Nordische Kombination Salt Lake City 2006

*Erfolgreiches Adler-Quartett: Kofler, Widhölzl, Koch und Morgenstern (v. li.).*

## SPRINGER-TEAM
# MARTIN KOCH ANDREAS KOFLER THOMAS MORGENSTERN ANDREAS WIDHÖLZL

## KOMBINIERER-TEAM
# CHRISTOPH BIELER FELIX GOTTWALD MICHAEL GRUBER MARIO STECHER

# HOCH WIE NIE

Die nächtliche Razzia im Quartier der Langläufer und Biathleten warf dunkle Schatten über die Olympischen Spiele 2006. Das kleine Land Österreich wurde in der Sportwelt als Zentrum des internationalen Doping-Netzwerks verkauft. Aber keiner der damals verdächtigten Sportler wurde je wirklich überführt. Und längst weiß man, dass die Aktion von dunklen Zellen im österreichischen Olympischen Komitee initiiert und gesteuert wurde. Sie löschten sich nach Unterschlagungen und Veruntreuungen mittlerweile selbst aus. Aber Österreichs Sportler haben in Turin ohnehin die allerbeste Antwort auf alle Anschuldigungen gegeben …

„Mich ärgert an der ganzen Geschichte vor allem, dass das IOC mit zweierlei Maß misst. In anderen Sportarten wird etwa nicht einmal richtig kontrolliert“, sagt Felix Gottwald heute über die leidige Doping-Affäre. Er war damals mit drei Medaillen einer der Hauptverantwortlichen dafür, dass die Winterspiele 2006 zu den für Österreich bis dato erfolgreichsten aller Zeiten wurden. Insgesamt 23-mal standen rot-weiß-rote Sportler auf dem Podest und erstmals in der Olympia-Geschichte auch zwei Mannschaften.

Beim Triumph der Kombinierer wurde vor allem Mario Stecher zum umjubelten Helden. Auf dem letzten Anstieg schüttelte er als Schlussläufer den deutschen Konkurrenten ab und sicherte die Goldene. Dabei hätte er seine Karriere schon fast beendet, als er drei Jahre davor bei der WM in Val di Fiemme wegen fehlender Ergebnisse nur Zuschauer gewesen war. Zum Glück tat er es nicht. In Turin lag der Steirer, mittlerweile verheiratet mit Benni Raichs Schwester Carina, mit seinen Kollegen Christoph Bieler, Felix Gottwald und Michael Gruber jubelnd im Schnee. Und danach erzählte er ihnen von den bangen Minuten vor seinem Start. „Meine Ski sind so spät fertig geworden, dann pickte am Schuh noch ein Klumpen Schnee – gerade noch rechtzeitig bin ich in die Bindung gekommen: Hätte Felix beim Wechsel auf mich warten müssen, wäre ich der Depp der ganzen Nation gewesen …"

So konnte Österreich mit ihm jubeln. Und etwas später, ausgerechnet am Tag nach der erwähnten Razzia, sogar über die erfolgreichsten 24 Stunden der österreichischen Sportgeschichte. Durch Michaela Dorfmeister im Super-G, Benni Raich im Riesentorlauf sowie das Springer-Team holten die rot-weiß-roten Athleten an diesem 20. Februar 2006 gleich drei Goldene! Die Adler flogen nicht zuletzt wegen eines Psycho-Tricks zum Triumph: Andreas Kofler hatte als einziger Springer überhaupt den Probedurchgang ausgelassen, um seine Karten nicht aufzudecken. Mit der Höchstweite von 133,5 Metern legte er dann tatsächlich schon im ersten Durchgang die Basis für den Sieg. Letztlich gewannen er, Andi Widhölzl, Martin Koch und Thomas Morgenstern ziemlich deutlich mit fast acht Punkten Vorsprung auf die Finnen.

Das „Kleeblatt der Lüfte" holte damit eine von insgesamt neun Goldenen bei den Winterspielen 2006: Österreich war in Turin, um mit den Worten des unvergessenen Falco zu sprechen, hoch wie nie …

Geboren am 4. März 1966 in Budapest.

**OLYMPISCHE MEDAILLEN**
GOLD 1500 m Lillehammer 1994
SILBER 3000 m Lillehammer 1994
BRONZE 3000 m Albertville 1992

**WEITERE ERFOLGE**
2-mal WM-Gold: 1994, 1999

## EMESE HUNYADY

# GRÄFIN EMESES SCHÖNSTER WALZER

„Ich fühle mich wie eine Gräfin", sagte Emese Hunyady an diesem 21. Februar 1994 im Wikingerschiff von Hamar, wie die monströse Eishalle bei den Winterspielen in Lillehammer genannt wurde, „besonders seit ich diese Goldmedaille habe". Sportlich „krönte" sie sich mit dem Olympiasieg über 1500 Meter, dem ersten rot-weiß-roten im Eisschnelllauf überhaupt, zweifelsohne. Aber darf sie, die den Namen einer berühmten Familie der österreichisch-ungarischen Geschichte trägt, sich tatsächlich als Gräfin fühlen?

Rückblende um fast 600 Jahre vor dem sport-historischen Tag im hohen Norden. Nach dem Tod des österreichischen Herzogs Albrecht II. brachte dessen Witwe einen Sohn zur Welt. Er hieß Ladislaus, Ungarns Reichsverweser Johann Hunyady bestellte man zu seinem Vormund. Als Ladislaus König von Ungarn wurde, ließ er dessen Sohn Laszlo aus Angst um seine Macht hinrichten und Matthias, den Jüngeren, einkerkern. Wie eine Fügung des Schicksals mag es scheinen, dass er wenig später selbst an der Pest starb, worauf die ungarischen Stände Matthias zu seinem Nachfolger wählten. Als König nannte er sich Matthias Corvinus und nach einigen erfolgreichen Feldzügen marschierte er im Jahr 1485 auch in Wien ein. Von hier aus regierte er halb Mittel-

europa, bis er 1490 unter mysteriösen Umständen starb.
Seine beiden Ehen waren kinderlos geblieben, von der Dienstmagd Barbara hatte er aber einen Sohn. Den Anspruch auf die Krone hat man diesem zwar verwehrt, der Name Hunyady wurde aber – auch durch komplizierte Adoptionen – über die Jahrhunderte gerettet. Graf Imre Hunyady sorgte für Aufsehen, weil er sich in seine Herrin, Kaiserin Sisi, verliebte. Kalmar Hunyady, dem ersten Präsidenten des Wiener Trabrennvereins, wird immer noch mit dem Gedenkrennen in der Krieau gedacht. Laut österreichisch-ungarischem Adelslexikon gibt es allerdings seit dem 16. Jahrhundert zwei Linien der Hunyadys: eine gräfliche und eine nichtgräfliche.
Eisschnelllauf-Königin Emese dürfte eher von der nichtgräflichen abstammen. Was ihr aber egal sein kann. Ihren Platz in der Sportgeschichte hat sie auch so. Zum Glück für uns in der rot-weiß-roten und nicht in der Ungarns, wo sie geboren wurde. Nach ihrer Hochzeit hatte sie sich entschlossen, für das Land ihres ersten Ehemanns zu starten. Bereits 1992 gewann sie Olympia-Bronze, 1994 neben Gold auch noch Silber über 3000 Meter. Unvergessen sind die Bilder, als sie mit der ausgebreiteten österreichischen Flagge auf dem Eis den schönsten Walzer ihres Lebens tanzte. Im Jahr 1994 wurde sie auch zu Österreichs Sportlerin des Jahres gewählt.
Heute lebt Emese in Baden bei Wien, sie ist verheiratet mit dem finnischen Eisschnelllauf-Trainer Timo Järvinen, ihr gemeinsamer Sohn heißt Jasper.

*Mit Freudentränen in den Augen lauscht Hunyady der Bundeshymne – sie holte Österreichs erstes Eisschnelllauf-Gold.*

Geboren am 15. April 1951 in Wien.

**OLYMPISCHE MEDAILLEN**
GOLD Sapporo1972

**WEITERE ERFOLGE**
2-mal WM-Gold: 1971, 1972

# BEATRIX SCHUBA

# ROT-WEISS-ROTE KÖNIGIN DER „SCHWARZEN" SPIELE

„Was, in dem Kapitel geht's um mich und gar nicht um den Karl?"

Trixi Schuba reagiert etwas erstaunt, als sie von uns für dieses Buch befragt wird. Und ihre Worte sagen sehr viel aus über die Stimmung, die damals im Februar 1972 in diesem Land herrschte. Über die Empörung einer ganzen Nation, weil man den Volkshelden wegen einer lächerlichen Übertretung des Amateur-Paragrafen von den Spielen ausgeschlossen hatte: 100.000 Menschen empfingen Karl Schranz, den „Ausgesperrten", am 8. Februar so euphorisch, als ob er Olympia-Gold geholt hätte.

Genau einen Tag davor hatte es für Österreich tatsächlich Grund zum Feiern gegeben. Zum so ziemlich einzigen Mal bei diesen für Rot-Weiß-Rot sportlich düsteren bis schwarzen Spielen. Der Schranz-Ausschluss lastete wie ein Damoklesschwert über der gesamten österreichischen Mannschaft, auch die zwei Silbernen der als große Favoritin gestarteten Annemarie Pröll in Abfahrt und Riesentorlauf waren für viele wie eine Niederlage und die Abfahrts-Bronzenen von Heini Messner und Wiltrud Drexel nicht mehr als ein schwacher Trost.

Blieb einzig und allein Beatrix Schuba, von aller Welt noch heute Trixi genannt. „Für eines hätte ich damals gar kein Verständnis gehabt", erinnert sie sich, „dafür, dass wegen des Schranz-Ausschlusses die ganze österreichische Mannschaft aus Sapporo abreisen hätte sollen, was auch ein paar Tage zur Diskussion stand". Schließlich war sie als Welt- und Europameisterin die Top-Favoritin auf Gold gewesen. Und schon in der Pflicht, damals noch an zwei Tagen und mit insgesamt sechs Figuren ausgetragen, erlief und ertanzte sie sich einen fast uneinholbaren Vorsprung. „Vor allem wegen mir", erzählt sie, „hat man dann auch das Reglement geändert – damit es vor der Kür spannend bleibt. Eine ‚Lex Schuba' sozusagen."

Als sie in Sapporo zum Triumph lief, saßen die rot-weiß-roten Bob-Fahrer mit einem riesigen Transparent auf der Tribüne: „Trixi, hol du das Gold für Österreich!" Die damals erst 20-Jährige ließ aufgrund des ohnehin großen Vorsprungs aus der Pflicht den Doppel-Axel, ihren Problemsprung, aus und holte mit einer faszinierenden Vorstellung den Olympiasieg. Nach dem Ende ihrer Amateur-Karriere wurde sie auch bei den Profis, zuerst beim amerikanischen, dann beim europäischen „Holiday on Ice", zur umjubelten Königin des Eises. Seit nunmehr über 30 Jahren arbeitet sie bei einer der größten Versicherungen des Landes und gilt dabei als ebenso erfolgreich wie einst auf den Kufen, die so viele Jahre ihre Welt bedeutet hatten.

Schwarze olympische Stunden wie jene um den Schranz-Skandal verfolgten sie allerdings auch noch fast 40 Jahre nach Sapporo. Als Rechnungsprüferin des ÖOC erlebte Schuba, die immer beherzt für einen in jeder Hinsicht sauberen Sport eingetreten war, 2009 die skandalösen Vorfälle im nationalen Olympischen Komitee, die schließlich zum Rücktritt des gesamten Vorstands rund um Präsident Leo Wallner führten, viel hautnaher mit, als ihr lieb war. „Sie können mir glauben, dass das irrsinnig geschmerzt hat ..."

*Auch bei Holiday on Ice wurde Trixi Schuba zur gefeierten Königin auf zwei Kufen.*

Geboren am 14. September 1947.

**OLYMPISCHE MEDAILLEN**
GOLD Grenoble 1968

**WEITERE ERFOLGE**
2-mal WM-Silber: 1966, 1967

# WOLFGANG SCHWARZ

# DER ABSTURZ DES UNGELIEBTEN HELDEN

*Auf dem Eis war Schwarz genial, aber wirklich geliebt wurde er trotz seiner Erfolge nie.*

Sie galt im Vorfeld der Spiele von Grenoble 1968 als sicherste Goldene für Österreich. Allerdings sollte sie nicht der Mann holen, der geradezu dafür programmiert schien und den alle so gern als Olympiasieger gesehen hätten, sondern sein Kronprinz.

„Betrug!“ „Skandal!“ Österreichische Zeitungen stiegen nach dem Eiskunstlauf der Männer mit hefti gen Anschuldigungen auf die Barrikaden. Zum Sündenbock machten sie den tschechischen Preisrichter Skakala, der den Liebling der Nation mit seiner niedrigen Kür-Note um eine Medaille gebracht habe. Bei der abendlichen Gala brach der gute Mann in Tränen aus: „Wie konnte mir so ein Irrtum nur passieren.“ Aber war es wirklich ein Versehen? Oder doch bewusste Beeinflussung eines Ergebnisses? Viele Spekulationen, noch mehr Anschuldigungen. Emmerich Danzer erlitt bei der Siegesfeier seines Landsmanns einen Nervenzusammenbruch: Enttäuschung, Zorn, Frust, all das war für ihn zu viel geworden.

Dass er die sicher scheinende Goldene mit einem Fehler beim vierten von fünf Pflichtsprüngen eigentlich schon vor der umstrittenen Kür selbst vergeben hatte, schienen alle vergessen zu haben. Er, die Berichterstatter, seine Fans sowieso. Und die Aufregung um Danzers angebliche Benachteiligung überschattete sogar den Jubel um Gold. Die Herzen flogen dem Verlierer zu, nicht dem Sieger, der davor bei der WM in Wien hinter seinem Landsmann Silber geholt hatte. „Damals meinte Emmi zu mir, ich könne froh sein, dass ich Zweiter bin. Jetzt richte ich ihm aus, dass er mit Platz vier zufrieden sein

muss“, schmunzelte Schwarz voller Genugtuung und zumindest ein Hauch von Schadenfreude war dabei unüberhörbar.
Sprüche wie diese nahm man ihm übel. Seine großsprecherische Art kam nicht gut an in einer Zeit, in der in Österreich Bescheidenheit immer noch eines der obersten Gebote war. „Ich werde alles riskieren und mir die Chance auf Gold nicht nehmen lassen“, hatte er vor der Kür verkündet. Voller Selbstbewusstsein, das oft als Arroganz ausgelegt wurde. „Aber als Sportler muss man einfach an sich glauben“, ließ Schwarz die Kritiker wissen, „sonst strauchelst du fast automatisch“.
Gestrauchelt ist allerdings auch er. Nicht als Sportler, wo er außerdem bei der EM 1965 und bei der WM 1967 Zweiter sowie nach seiner Amateur-Karriere umjubelter Star bei „Holiday on Ice“ war, dafür aber im Leben danach umso heftiger. 2002 wurde er wegen Mädchenhandels zu einer Haftstrafe verurteilt, um nur vier Jahre später wieder auf den Gerichtsseiten der Zeitungen für Schlagzeilen zu sorgen. Diesmal wegen versuchter Anstiftung zur Entführung der 18-jährigen Tochter eines Millionärs. Weil Schwarz diese Tat während des Haftaufschubs wegen eines Krebsleidens begangen hatte, wurde er im März 2007 vom Berufungsgericht rechtskräftig zu zehn Jahren und sechs Monaten verurteilt. Der Absturz eines Helden, der selbst in seiner allergrößten Stunde nicht für alle einer war.

Alfred Berger, geboren am 25. August 1894 in Wien, gestorben am 11. Juni 1966 (1924 Gold im Paarlauf)
Helena Engelmann, geboren am 9. Februar 1898 in Wien, gestorben am 1. August 1985 (1924 Gold im Paarlauf)
Kurt Oppelt, geboren am 18. März 1932 in Wien (1956 Gold im Paarlauf)
Karl Schäfer, geboren am 17. Mai 1909 in Wien, gestorben am 23. April 1976 (1932 und 1936 Gold bei den Herren)
Elisabeth Schwarz, geboren am 19. Mai 1936 in Wien (1956 Gold im Paarlauf)
Herma Szabo, geboren am 22. Februar 1902 in Wien, gestorben am 7. Mai 1986 (1924 Gold bei den Damen)

# ALFRED BERGER HELENA ENGELMANN KURT OPPELT KARL SCHÄFER ELISABETH SCHWARZ HERMA SZABO

## ROT-WEISS-ROTE „EISZEIT"

Die ersten Winterspiele in Chamonix wurden ursprunglich als Internationale Wintersportwoche im Rahmen der Sommerspiele 1924 in Paris ausgetragen. Erst zwei Jahre später beschloss das Internationale Olympische Komitee, auch sie als Olympische Spiele anzuerkennen. Alpiner Skilauf, schon damals rot-weiß-roter Nationalsport, war noch nicht einmal im Programm, trotzdem durfte Österreich, das sich erst langsam von den Wirren des Ersten Weltkriegs erholte, nachträglich über zwei Goldene jubeln. Helena Engelmann und Alfred Berger gewannen im Paarlauf, die unvergessene Herma Szabo den Damen-Bewerb im Eiskunstlauf. Davor hatte sie in den prüden Zwanzigerjahren allerdings für viel Aufregung – ja, man könnte es fast einen Skandal nennen – gesorgt: Sie war die erste Frau, die nicht mit dem damals üblichen langen Kleid oder Rock antrat, sondern mit einem bis nur knapp zu den Knien reichenden, kurzen Eiskunstlauf-Kleid.

Der Szabo-Dresscode hat all die Jahre überlebt, die große rot-weiß-rote „Eiszeit" gehört dagegen längst der Vergangenheit an. Durch Elisabeth Schwarz und Kurt Oppelt im Paarlauf 1956, durch Wolfgang Schwarz (1968) sowie Trixi Schuba (1972), die in diesem Buch in den vorangegangenen Kapiteln gewürdigt wurden, und natürlich durch den großen Karl Schäfer durfte Österreich in der Geschichte der Olympischen Winterspiele über insgesamt sieben Goldene im Eiskunstlauf jubeln.

Schäfer gelang es sogar, 1936 seinen Triumph von 1932 zu wiederholen. So wurde er in einer Nation, die gerade in den nächsten Krieg taumelte, zum viel umjubelten Helden. Nach seiner Karriere arbeitete er

jahrelang als Trainer. „Als ich ein ganz kleines Zwutschkerl war", erinnert sich Claudia Kristofics-Binder, „hat er auch mich unterrichtet. Ich wusste aber damals noch nicht einmal, wer dieser Herr Schäfer, der so oft mit mir trainierte, ist..."

Kristofics-Binder wurde 1981 und 1982 zur Sportlerin des Jahres gewählt und ist bis heute Österreichs letzte Eiskunstläuferin auf Weltklasse-Niveau. Warum, fragten wir sie, sind in einer Sportart, die in diesem Land so viel Tradition hat, die Erfolge so selten geworden? „Weil man sehr früh sehr viel Zeit und Geld investieren muss. Im Fußball oder auch im Skisport entscheidet man sich oft erst mit 16, ob man das wirklich auf Profi-Niveau ausüben will. Eiskunstläufer müssen aber in diesem Alter auch international schon sehr, sehr gut sein. Das private Umfeld muss deshalb voll dahinterstehen. Denn die nötigen Strukturen, die fehlen in Österreich leider."

Eine der größten Hoffnungen, dass es in den nächsten Jahren doch auch wieder Eiskunstlauf-Erfolge zu bejubeln gibt, trug ebenfalls den Namen Kristofics-Binder: Delphine, Tochter von Claudia, galt als hoffnungsvolles Talent. „Für den Aufwand, den sie betrieben hat, war sie sehr gut", bestätigt auch ihre Mutter. Die Betonung liegt allerdings auf „war". Denn mittlerweile hat sich Delphine für das Springreiten, das sie immer parallel zum Eiskunstlauf betrieben hatte, entschieden.

Österreich wird somit noch länger auf neue „Eiszeiten" warten müssen. Und hoffen, dass vielleicht bald das Freizeit-Projekt „Heiß am Eis" Früchte trägt. Es wurde von Claudia Kristofics-Binder 2009 ins Leben gerufen und soll Kinder mit Spiel und Spaß für den Sport begeistern. Vielleicht gibt es ja doch noch einmal ein paar rot-weiß-rote Eiskunstläufer und -läuferinnen, die an Claudia, an die Szabos, Schubas oder Schäfers erinnern. Ein wenig zumindest...

*Seite 92:*
*Herma Szabo und Ludwig Wrede.*

*Oben:*
*Sissy Schwarz und Karl Oppelt.*

*Links:*
*Karl Schäfer.*

*Unten:*
*Herma Szabo.*

Ingo Appelt, geboren am 11. Dezember 1961 in Innsbruck
Harald Winkler, geboren am 17. Dezember 1962 in Graz
Gerhard Haidacher, geboren am 29. April 1963 in Innsbruck
Thomas Schroll, geboren am 26. November 1965 in Neumarkt

**OLYMPISCHE MEDAILLEN**
GOLD Vierer-Bob Albertville 1992

**WEITERE ERFOLGE**
1-mal WM-Bronze: 1990 Vierer-Bob

# INGO APPELT GERHARD HAIDACHER THOMAS SCHROLL HARALD WINKLER

# DAS „FORT KNOX" DER GOLDENEN

Einen Rekord hat dieser Ingo Appelt ganz sicher aufgestellt. Er besitzt die so ziemlich bestbeschützte Olympia-Goldene der ganzen Welt. Aufbewahrt wird sie hinter Panzerglas oder in einem Tresor – gewissermaßen im „Fort Knox" der österreichischen Winter-Medaillen; dabei fand sie ihr Besitzer rein optisch anfangs ziemlich hässlich …

„Stimmt", sagt Appelt heute, „ich habe das Aussehen damals auch ganz offiziell kritisiert – aber mittlerweile gefällt sie mir fast so wie keine andere unter all den olympischen Goldmedaillen". Der Mann, der diese Worte spricht, kann das beurteilen wie wenig andere Olympiasieger: Ingo Appelt ist Juwelier. Einer von nur ganz wenigen in Österreich, die ihren Schmuck selbst entwerfen. Einer, der immer den Blick für das gewisse Etwas hatte. In seinem Leben als Sportler ebenso wie in jenem danach.

Gespräche mit ihm sind erfrischend. Inspirierend wie seine genialen Schmuck-Kreationen. Das gilt für seine sportlichen Erinnerungen ebenso wie für die Geschichten hinter seinen Juwelier-Läden, in denen er die Goldene aufbewahrt: entweder im Schaufenster seines Geschäfts in Fulpmes hinter Panzerglas oder in einem Tresor der zweiten schmucktechnischen Appelt-Hochburg – und das ist keineswegs übertrieben – in Innsbruck. „Aber wenn ich meine Kollektionen präsentiere, nehme ich sie auch oft mit, weil viele Menschen sonst nie die Gelegenheit bekommen würden, so eine Medaille einmal anzufassen."

Wobei die Formulierung „so eine" fast schon untertrieben ist. Appelt sorgte 1992 in Albertville mit seiner Mannschaft, die mit ihm als Ur-Tiroler, mit den gebürtigen Steirern Harald Winkler und Thomas Schroll sowie dem Innsbrucker Gerhard Haidacher gern als Zwei-Bundesländer-Allianz bezeichnet wurde, für die erste österreichische Olympia-Goldene im Bobsport. Für eine überraschende, wie manche wegen einer angeblichen Nervenschwäche des rot-weiß-roten Gold-Vierers wissen wollen. In Wahrheit war genau das Gegenteil der Fall. Wie ein stummer, aber ewiger Beweis stehen dafür die zwei Hundertstel, die Appelt & Co. am Ende vor den Silbernen lagen. Thriller wie diese gewinnt man nicht, wenn auch nur ein Funken Nervosität mitfährt: nicht in der Bobbahn, nicht sonst wo in der Welt des Sports.

Diese „Symbiose“ zwischen dem Beruf als Juwelier und den Herausforderungen, die im Eiskanal warteten, hielt Ingo Appelt auf einer DVD fest. „Es gibt wirklich extreme Parallelen“, erzählt er, „in meinem Beruf laufen viele Dinge ganz ähnlich ab wie im Bobsport. Angefangen beim mentalen Einsatz bis hin zur Kreativität, die man beim Schmuck-Design ebenso braucht wie als Lenker eines Vierer-Bobs.“ Rüdiger Glätzle, damaliger Lebensgefährte der Mutter eines von Ingos Freunden, hatte ihn einst zum Bobsport gebracht. „So wild wie ihr da mit euren Mopeds herumkurvt, wär' das sicher was für euch“, hatte er gemeint. Aber die Faszination kam für Appelt erst mit Verzögerung. „Weil der Bob anfangs mit mir machte, was er wollte“, erinnert er sich. Er hat dieses unbeugsame Geschoss gezähmt wie nur wenig andere: Sonst würde es keine historische Fort-Knox-Goldene geben …

*Historischer Bob-Triumph: Lenker Ingo Appelt mit seinem goldenen Kleeblatt und den Dukaten in der gleichen Farbe.*

Andreas Linger, geboren am 31. Mai 1981 in Hall in Tirol
Wolfgang Linger, geboren am 4. November 1982 in Hall in Tirol

**OLYMPISCHE MEDAILLEN**
GOLD Doppelsitzer Turin 2006

**WEITERE ERFOLGE**
1-mal WM-Gold: 2003 Doppelsitzer

## ANDREAS & WOLFGANG LINGER

# DIE POKER-BRÜDER AUS DEM GOLD-DORF

Etwa vier Stunden pro Saison picken sie so aufeinander, dass kein Löschblatt dazwischenpassen würde. Sie teilten lange Zeit eine Dachgeschoß-Wohnung im „Hotel Mama" und unternehmen auch in ihrer Freizeit fast alles gemeinsam. So gut wie unzertrennlich, könnte man sagen. Nur wenn sie im ausgebauten Keller eines Freundes mit dem „ISC Royal Flush" einmal pro Woche Karten spielen, werden sogar sie zu Rivalen: die Poker-Brüder aus dem Gold-Dorf, die bei den Spielen 2006 zum unschlagbaren „Royal Flush" im Eiskanal wurden ...

In Turin holten Wolfgang und Andreas Linger Österreichs erste Goldmedaille im Doppelsitzer nach 42-jähriger Pause. Ausgerechnet auf jener Bahn, auf der sich ziemlich genau ein Jahr zuvor beinahe alle Träume mit einem (brutalen) Schlag in Luft aufgelöst hätten. Bei einem schweren Sturz in Cesana im Einsitzer-Bewerb hatte sich Wolfgang, der Jüngere der beiden, Brüche des Wadenbeins und des Sprunggelenks zugezogen. „Der Unfall", geben beide zu, „war lange in unseren Hinterköpfen, aber wir haben dieses Rennen gewonnen, weil wir Strecken lieben, auf denen man fighten muss." Und gekämpft haben sie tatsächlich: wegen Wolfgangs Verletzungen schon Monate vor den Spielen vor allem gegen die Zeit. Und in den Wochen vor Turin auch etwas gegen

ihre Form: Kein einziges Weltcuprennen hatten die beiden gewonnen, um dann bei Olympia mit einem Vorsprung von über drei Zehntelsekunden vor den Deutschen Florschütz/Wüstrich zu triumphieren. Im Rodelsport, wo nicht umsonst sogar in

Tausendstelsekunden gemessen wird, sind das Welten, ja, Galaxien.

Mit ihrem Sieg schrieben die beiden aber auch ein weiteres Kapitel der unglaublichen Geschichte eines Dörfchens, in dem irgendwo ein Kessel voller Zaubertrank stehen muss – ähnlich jenem der unbeugsamen Gallier Asterix und Obelix. Nur trinkt man ihn in Absam nicht, um Römer zu besiegen, sondern um sportliches Gold zu schürfen. Die Gemeinde liegt am Fuß des Karwendelgebirges bei Hall in Tirol, hat eine Fläche von nur 52,06 Quadratkilometern und etwa 6600 Einwohner. Womit die Pro-Kopf-Medaillen-Anzahl zumindest schwer „verdächtig" ist für eine Eintragung ins Guinnessbuch der Rekorde. Neben den beiden Linger-Brüdern kommen aus Absam:

mit Josef Feistmantel, der 1964 Doppelsitzer-Gold holte, ein weiterer Rodel-Olympiasieger;

mit Ernst Vettori einer im Skispringen;

mit Christoph Bieler ein Kombinierer, der nur wenige Tage nach den Lingers mit der Mannschaft ebenfalls in Turin Gold holte;

mit Olga Pall eine Dame, die zwar ihre ersten Lebensjahre in Göstling in Niederösterreich verbrachte, aber seit über 20 Jahren in Absam lebt;

und mit Andreas Felder ein Skiflug-Weltmeister.

Eine Liste, die sich auch ohne Anspruch auf Vollständigkeit ebenso beeindruckend liest wie der Vorsprung der Lingers im Eiskanal von Cesana …

*Erfolgsstory aus Absam: Auf dem Schlitten kleben sie fast aneinander, nur beim Pokern sind Andreas und Wolfgang Gegner.*

Geboren am 10. Mai 1971 in Innsbruck.

**OLYMPISCHE MEDAILLEN**
GOLD Albertville 1992

**WEITERE ERFOLGE**
1-mal WM-Bronze: 1993

## DORIS NEUNER

# OLYMPISCHE FAMILIEN-PARTY

Im Februar 2008 wurde Manni Pranger Slalom-Weltmeister. Ein Jahr davor war er nach seinem Kreuzbandriss nahezu täglich in der Sporttherapie Huber in Neu-Rum bei Innsbruck. Empfangen wurde er dort meist von einer Dame, die ebenfalls eine Goldene daheim hat: eine olympische sogar ...

„Nein", lächelt Doris Neuner ohne jegliches Bedauern, „ausgesorgt hab ich durch den Sieg damals bei Weitem nicht – da hätte ich mir eine andere Sportart aussuchen müssen." Sie steht an der Rezeption des berühmten Sporttherapie-Zentrums und empfängt die Patienten mit dem gleichen sympathischen und freundlichen Lächeln, das man von damals noch gut in Erinnerung hat: von ihrer größten Stunde, als sie 1992 in La Plagne bei den Spielen in Albertville zum ersten Olympiasieg für Österreich im Damen-Rodeln gerast, ja förmlich geflogen war. „Man realisiert das erst mit Verspätung, weil in den Stunden nach dem Rennen der Rummel so enorm groß ist", erinnert sie sich, „aber dann bleibt das ein ganzes Leben lang ein unvergesslicher Tag".

In diesem Fall galt das nicht nur für die große Siegerin, sonder aufgrund der Einmaligkeit des Ereignisses auch für Sport-Österreich. Vor allem aber für die Familie Neuner aus Innsbruck. Vater Hans hatte damals als Koch in der Mensa der Universität Innsbruck gearbeitet. Den ersten Lauf sah er nur mit einem Auge im Fernsehen: Urlaubssperre. Aber als seine beiden Töchter auf Rang eins und zwei lagen, ließ er Kochtöpfe Kochtöpfe sein, setzte sich am Abend mit seiner Frau Petra und Reinhard, dem Freund von Doris, ins Auto und fuhr über Nacht die alles andere als unbeschwerlichen paar Hundert Kilometer von Innsbruck nach La Plagne.

Die Strapazen sollten sich bezahlt machen. Live erlebten die Neuners mit, wie ihre Töchter als eines von nur ganz wenigen Geschwister-Paaren in der olympischen Geschichte Gold und Silber holten. Die Lächerlichkeit von 0,073 Sekunden lag Doris nach vier Läufen vor ihrer um zwei Jahre älteren Schwester Angelika. „Eigentlich", sagte ein Betreuer, „hätte man ihnen beiden Gold geben müssen". Und die Eltern erinnerten sich schmunzelnd an die gesunde Rivalität, die zwischen ihren beiden Töchtern – von dem Tag an, an dem sie ihr Onkel Karl Oberhöller zum

Rodelsport gebracht hatte – geherrscht hatte. „Die Geli", lachte der Papa, „soll mit Platz zwei zufrieden sein? Das ist was völlig Neues. Sie war immer die Dominante, bis zu dem Tag, an dem ihr Doris den ersten Meistertitel weggeschnappt hat – da ging's ganz schön rund bei uns zu Haus." Aber zwischen welchen Geschwistern kracht es nicht dann und wann?
Während Angelika heute als Trainerin im Rodel-Verband arbeitet, erlebt Doris ihren Sport nur noch als Außenstehende von der Ferne mit. Erfolge kann sie dennoch immer noch hautnah mitfeiern: dann, wenn wieder einer der Patienten in Neu-Rum nach Verletzungen in die Siegerspur zurückfindet. Wie Manni Pranger . . .

*Strahlendes Lächeln: Doris siegte im Schwestern-Krimi von La Plagne um einen Wimpernschlag.*

Josef Feistmantl, geboren am 23. Februar 1939 in Hall in Tirol (1964 Gold im Doppelsitzer)
Manfred Schmid, geboren am 6. Juni 1944 in Liezen (1968 Gold im Einsitzer, Silber im Doppelsitzer mit Ewald Walch)
Manfred Stengl, geboren am 1. April 1946 in Salzburg, gestorben am 6. Juni 1992 (1964 Gold im Doppelsitzer)

# JOSEF FEISTMANTL MANFRED SCHMID MANFRED STENGL

## ALS DIE KUFEN GOLDEN GLÜHTEN

Die „Tourist Trophy" auf der Isle of Man gilt nicht nur als ältestes Motorradrennen der Welt, sondern auch als gefährlichstes. Seit der Erstaustragung 1907 verging kein Jahr, in dem nicht ein oder mehrere schwerste Unfälle den beinharten Kampf um Sekunden überschatteten. Als 163. Todesopfer auf der Isle of Man wird ein österreichischer Olympiasieger geführt: Manfred Stengl kam am 6. Juli 1992 auf seiner allerletzten Runde der „Senior Trophy", bei der er endlich seinen ersten Sieg holen wollte, bei einem Tempo von rund 200 km/h von der Straße ab und erlag im Krankenhaus in Dunlop, dem Hauptort der Insel, seinen schweren Verletzungen.

Das „Spiel mit dem Feuer" hatte den Salzburger sein ganzes Leben lang fasziniert. Und als er seine größte sportliche Stunde erlebte, war Rennrodeln noch genau das: ein Tanz auf dem Vulkan, abenteuerlich, gefährlich und verwegen. 1964 war die Sportart erstmals im olympischen Programm und Österreich konnte gleich über Gold jubeln: In seiner Heimat Innsbruck fuhr Josef Feistmantl aus Hall in Tirol gemeinsam mit Stengl, damals erst 18 Jahre alt, schon im ersten Lauf neuen Bahnrekord und überlegene Bestzeit, die sie im zweiten souverän verteidigten. Hinter den beiden belegte mit Reinhold Senn und Helmuth Thaler eine weitere rot-weiß-rote Paarung Platz zwei. Ein österreichischer Doppel-Triumph in Österreich – viel besser hätte die Feuertaufe der neuen Sportart für das Austragungsland nicht laufen können. Als Würdigung dieser Sternstunde durfte Feistmantl zwölf Jahre später, als die Winterspiele abermals in Innsbruck stattfanden, gemeinsam mit der unvergessenen Christl Haas das olympische Feuer entzünden. Stengl hatte zu diesem Zeitpunkt schon eine neue Herausforderung gefunden. Der Salzburger war ins Bob-Lager gewechselt und hatte bei der Weltmeisterschaft 1975 über Bronze im Vierer-Bob jubeln können.

Aber die rot-weiß-roten Kufen glühten in den Sechzigerjahren nicht

*Oben: Josef Feistmantl und Manfred Stengl.*
*Links: Josef Feistmantl.*
*Unten: Manfred Schmid.*

nur in Innsbruck golden. Als die Sportart 1968 in Grenoble zum zweiten Mal im Programm der Spiele war, gab es auch den zweiten Olympiasieg für Österreich. Manfred Schmid, verwegener Draufgänger aus dem steirischen Liezen, war im Einsitzer-Bewerb eine Klasse für sich. Und als Draufgabe holte er mit seinem Partner Ewald Walch auch noch Silber im Doppelsitzer. Wenige Rodler sind seither bei ein und denselben Spielen zweimal auf dem Podest gestanden. Für Schmid war Grenoble aber auch ein finanzieller Kraftakt. Er war reiner Amateur, musste sich unbezahlten Urlaub nehmen und von der Anreise bis hin zur Unterkunft alles selbst bezahlen, um überhaupt teilnehmen zu können. Als ausgerechnet am Tag vor dem Beginn des Einsitzer-Bewerbs sein Vater starb, wäre er fast wieder abgereist: Die wilden Sechzigerjahre schrieben im österreichischen Rodelsport nicht nur Erfolgsgeschichten, sondern auch Tragödien ...

# DIE „OLYMPIASIEGER"

# OHNE GOLDENE

Grenoble 1968: Es ist der letzte Tag dieser Winterspiele, bei denen der französische Hausherr Jean-Claude Killy nach seinen Goldenen in Riesentorlauf und Abfahrt der gefeierte Held war. Im Slalom stand er „nur" als Zweiter auf dem Podest, aber am nächsten Morgen wachte er trotzdem als dreifacher Champion auf. Weil der Österreicher Karl Schranz nur zum Olympiasieger für wenige Stunden wurde. Weil ein Polizist direkt vor ihm die Strecke überquert hatte, war der Österreicher freiwillig aus dem Lauf gefahren. Man ließ ihn nochmals starten, er stellte überlegene Bestzeit auf. Aber am frühen Abend fällte die Jury ihre skandalöse Entscheidung: Der Schranz-"Ausfall", so urteilten die Renn-Kommissare plötzlich, habe nichts mit der Störung durch den Polizisten zu tun gehabt. Der Wiederholungslauf wurde annulliert und wegen des Olympia-Ausschlusses vier Jahre später blieb der Traum von Olympiagold für den dreifachen Weltmeister Schranz für alle Zeiten unerfüllt.

Aber es gibt noch unzählige andere österreichische Athleten, die nur sehr knapp am größten Ziel aller Sportler vorbeischrammten. Die „Olympiasieger" unter den Stars ohne Goldene sind Skispringer Martin Höllwarth und Kombinierer Klaus Sulzenbacher: Beide holten bei Winterspielen insgesamt vier Medaillen, ganz oben standen sie dabei allerdings nie. Höllwarth etwa gewann schon als 17-Jähriger 1992 in Albertville drei Silberne, danach noch 1998 eine Bronzene im Teambewerb.

*Oben: Karl Schranz.*
*Unten (v. l. n. r.): Andreas Felder, Ernst Vettori, Heinz Kuttin und Martin Höllwarth.*
*Rechts oben: Markus Prock.*

Drei Medaillen haben der Rodler Markus Prock, der Springer Heinz Kuttin und die Skiläuferin Alexandra Meissnitzer in ihren Trophäenschränken hängen, die strahlendste von allen fehlt aber auch in ihren Sammlungen. Ebenso wie in jener der Renate Götschl: Sie siegte in 46 Weltcuprennen, holte insgesamt neun Kristallkugeln und gewann bei Weltmeisterschaften ebenfalls neun Medaillen. Nur Olympia brachte ihr nie wirklich Glück. Sie nahm an vier Winterspielen teil, war meist eine der großen Favoritinnen, holte aber mit Abfahrts-Bronze und Kombi-Silber nur zwei Medaillen. Für viele andere wäre das ein Riesenerfolg, bei einer Ausnahmesportlerin wie Götschl wirkt das fast bescheiden. Als sie im März 2009 über die Fortsetzung ihrer Karriere gefragt wurde, antwortete die damals fast 34-Jährige: „Eines steht fest: Nur wegen den Olympischen Spielen 2010 fahre ich sicher nicht weiter. So wichtig wie alle glauben ist mir diese Goldene sicher nicht . . .“

Im Sommer begann sie trotzdem wieder zu trainieren. Nochmals schuftete sie für dieses Ziel, das für fast alle Sportler der Welt das größte ist, und fuhr schon beim ersten Schneetraining in Zermatt in einer

Form, die an ihre allerbesten Tage erinnerte. Wenige Wochen später war sie dennoch ein für allemal Ski-Pensionistin. „Mein Freund Hannes und ich erwarten ein Baby“, verkündete sie glücklich strahlend. Was ist dagegen schon Olympia-Gold . . .?

*Links: Renate Götschl und Alexandra Meissnitzer.*
*Oben: Klaus Sulzenbacher.*

18

# WHO'S WHO DER OLYMPISCHEN WINTERSPIELE

## 1924 – 2006

### ALLE SIEGER
### ALLE PLATZIERUNGEN DER ÖSTERREICHER
### ALLE TABELLEN

Anmerkungen:
Jede Reihung in den Tabellen ist nach der Zahl der Goldmedaillen ausgerichtet.
Österreichs Olympiasieger sind golden, Silbermedaillengewinner silber und Bronzemedaillengewinner sind bronzefarben hinterlegt.
DNF= Bewerbe nicht beendet
DSQ= Disqualifiziert
Stichtag: 30. November 2009

# OLYMPISCHE WINTERSPIELE

| | JAHR | STADT | ERÖFFNUNGSORT | ERÖFFNET VON | IOC-PRÄSIDENT |
|---|---|---|---|---|---|
| I. | 24.1. - 5.2.1924 | CHAMONIX | Stade Olympique | Gaston Vidal | Pierre de Coubertin |
| II. | 11.2. - 19.2.1928 | ST. MORITZ | Eisstadion Badrutts | Edmund Schulthess | Henry Baillet-Latour |
| III. | 4.2. - 15.2.1932 | LAKE PLACID | Olympia Eisstadion | Franklin D. Roosevelt | Henry Baillet-Latour |
| IV. | 6.2. - 16.2.1936 | GARMISCH | Olympia Eisstadion | Adolf Hitler | Henry Baillet-Latour |
| V. | 30.1. - 8.2.1948 | ST. MORITZ | Olympia Eisstadion | Enrico Celio | J. Sigfrid Edström |
| VI. | 14.2. - 25.2.1952 | OSLO | Bislett Stadion | Prinzessin Ragnhild | Avery Brundage |
| VII. | 26.1. - 5.2.1956 | CORTINA | Stadio del Ghiaccio | Giovanni Gronchi | Avery Brundage |
| VIII. | 18.2. - 28.2.1960 | SQUAW VALLEY | Blyth Memorial Arena | Richard Nixon | Avery Brundage |
| IX. | 29.1. - 9.2.1964 | INNSBRUCK | Bergiselstadion | Adolf Schärf | Avery Brundage |
| X. | 6.2. - 18.2.1968 | GRENOBLE | Parc Paul Mistral | Charles de Gaulle | Avery Brundage |
| XI. | 3.2. - 13.2.1972 | SAPPORO | Makamonei Eisstadion | Kaiser Hirohito | Avery Brundage |
| XII. | 4.2. - 15.2.1976 | INNSBRUCK | Bergiselstadion | Rudolf Kirchschläger | Lord M. Killanin |
| XIII. | 13.2. - 24.2.1980 | LAKE PLACID | Mirror Lake Stadium | Walter Mondale | Lord M. Killanin |
| XIV. | 8.2. - 19.2.1984 | SARAJEVO | Kosovo Stadion | Mika Spiljak | Juan A. Samaranch |
| XV. | 13.2. - 28. 2.1988 | CALGARY | Mc Mahon Stadium | Jean Sauve | Juan A. Samaranch |
| XVI. | 8.2. - 23.2.1992 | ALBERTVILLE | Parc Olympique | Francois Mitterand | Juan A. Samaranch |
| XVII. | 12.2. - 27.2.1994 | LILLEHAMMER | Lysgardsbakken | König Harald V. | Juan A. Samaranch |
| XVIII. | 7.2. - 22. 2.1998 | NAGANO | Minami Sports Park | Kaiser Akihito | Juan A. Samaranch |
| XIX. | 8.2. - 24.2.2002 | SALT LAKE CITY | Rice Stadium | George W. Bush | Jacques Rogge |
| XX. | 10.2. - 26.2.2006 | TURIN | Stadio Comunale | Carlo Azeglio Ciampi | Jacques Rogge |

| ZUSEHER | EIDSPRECHER - SPORTLER | LETZTER FACKELTRÄGER | VOLUNTEERS | MEDIEN | MASKOTTCHEN |
|---|---|---|---|---|---|
| 10044 | Camille MANDRILLON | | | 88 | |
| 39832 | Hans EIDENBENZ | | | 330 | |
| 78310 | John SHEA / Richard BYRD | | | 89 | |
| 543155 | Willy BOGNER | | | 498 | |
| 59037 | Bibi TORRIANI | IOC-Präsident J. Sigfrid EDSTRÖM | | 570 | |
| 533413 | Torbjörn FALKANGER | Eigil NANSEN (Enkel von Fritjof) | | 646 | |
| 143401 | Giuliana CHENAL-MINUZZO | Guido CAROLI | | 550 | |
| 249653 | Carol HEISS | Kenneth HENRY | | 379 | |
| 524880 | Paul ASTE | Josl RIEDER | | 1164 | |
| 337731 | Leo LACROIX | Dr. Alain CALMAT | | 2702 | |
| 621232 | Keiichi SUZUKI | Hideki TAKADA (High School Student) | | 3713 | |
| 732726 | Werner DELLE-KARTH | Christl HAAS | | 2058 | Schneemandl |
| 433320 | Eric HEIDEN | Dr. Charles KERR (Psychiater) | 6703 | 3905 | Roni Racoon |
| 433784 | Bojan KRIZAJ | Sandra DUBRAVCIC ( 12 Jahre alt) | 10450 | 7393 | Vucko |
| 1338199 | Pierre HARVEY | Robyn PERRY | 9498 | 7125 | Hidy & Howdy |
| 941650 | Surya BONALY | Michel PLATINI und Francois GRANGE (8 Jahre) | 8647 | 7407 | Magique |
| 1211573 | Vegard ULVANG | Kronprinz HAKON | 9054 | 8112 | Hakon & Kristin |
| 1268189 | Kenji OGIWARA | Midori ITO | 32000 | 8300 | Snowlets |
| 1511879 | Jim SHEA | US EISHOCKEY TEAM 1980 | 22000 | 8730 | Powder&Cool&Copper |
| 950000 | Giorgio ROCCA | Stefania BELMONDO | 18000 | 9408 | Neve & Gliz |

# ALLE ÖSTERREICHISCHEN MEDAILLEN-GEWINNER 1924–2006

| | | GOLD | SILBER | BRONZE | GESAMT |
|---|---|---|---|---|---|
| SAILER TONI | 1956 SKI ALPIN | 3 | | | 3 |
| GOTTWALD FELIX | 2002 + 2006 NORD. KOMBINATION | 2 | 1 | 3 | 6 |
| MAIER HERMANN | 1998 + 2006 SKI ALPIN | 2 | 1 | 1 | 4 |
| DORFMEISTER MICHAELA | 2006 SKI ALPIN | 2 | 1 | | 3 |
| JOCHUM-BEISER TRUDE | 1948 + 1952 SKI ALPIN | 2 | 1 | | 3 |
| RAICH BENJAMIN | 2002 + 2006 SKI ALPIN | 2 | | 2 | 4 |
| KRONBERGER PETRA | 1992 SKI ALPIN | 2 | | | 2 |
| MORGENSTERN THOMAS | 2006 SKISPRINGEN | 2 | | | 2 |
| SCHÄFER KARL | 1932 + 1936 EISKUNSTLAUF | 2 | | | 2 |
| EBERHARTER STEFAN | 1998 + 2002 SKI ALPIN | 1 | 2 | 1 | 4 |
| MOSER-PRÖLL ANNEMARIE | 1972 + 1980 SKI ALPIN | 1 | 2 | | 3 |
| WACHTER ANITA | 1988 + 1992 SKI ALPIN | 1 | 2 | | 3 |
| HUNYADY EMESE | 1992 + 1994 EISSCHNELLLAUF | 1 | 1 | 1 | 3 |
| STIEGLER JOSEF | 1960 + 1964 SKI ALPIN | 1 | 1 | 1 | 3 |
| INNAUER ANTON | 1976 + 1980 SKISPRINGEN | 1 | 1 | | 2 |
| KOFLER ANDREAS | 2006 SKISPRINGEN | 1 | 1 | | 2 |
| SCHMID MANFRED | 1968 RENNRODEL | 1 | 1 | | 2 |
| SCHNEIDER OTHMAR | 1952 SKI ALPIN | 1 | 1 | | 2 |
| STROLZ HUBERT | 1988 SKI ALPIN | 1 | 1 | | 2 |
| VETTORI ERNST | 1992 SKISPRINGEN | 1 | 1 | | 2 |
| WIDHÖLZL ANDREAS | 1998 + 2006 SKISPRINGEN | 1 | | 2 | 3 |
| BIELER CHRISTOPH | 2002 + 2006 NORD. KOMBINATION | 1 | | 1 | 2 |
| GRUBER MICHAEL | 2002 + 2006 NORD. KOMBINATION | 1 | | 1 | 2 |
| HAAS CHRISTL | 1964 + 1968 SKI ALPIN | 1 | | 1 | 2 |
| HINTERSEER ERNST | 1960 SKI ALPIN | 1 | | 1 | 2 |
| HOFFMANN CHRISTIAN | 1998 + 2002 LANGLAUF | 1 | | 1 | 2 |
| SCHNABL KARL | 1976 SKISPRINGEN | 1 | | 1 | 2 |
| STECHER MARIO | 2002 + 2006 NORD. KOMBINATION | 1 | | 1 | 2 |
| APPELT INGO | 1992 BOB | 1 | | | 1 |
| BERGER ALFRED | 1924 EISKUNSTLAUF | 1 | | | 1 |
| FEISTMANTEL JOSEF | 1964 RENNRODEL | 1 | | | 1 |
| HAIDACHER GERHARD | 1992 BOB | 1 | | | 1 |
| ENGELMANN HELENA | 1924 EISKUNSTLAUF | 1 | | | 1 |
| KLAMMER KARL | 1976 SKI ALPIN | 1 | | | 1 |
| KOCH MARTIN | 2006 SKISPRINGEN | 1 | | | 1 |
| LINGER ANDREAS | 2006 RENNRODEL | 1 | | | 1 |
| LINGER WOLFGANG | 2006 RENNRODEL | 1 | | | 1 |
| NEUNER DORIS | 1992 RENNRODEL | 1 | | | 1 |
| OPPELT KURT | 1956 EISKUNSTLAUF | 1 | | | 1 |

# ALLE ÖSTERREICHISCHEN MEDAILLEN-GEWINNER
## 1924–2006

| | | GOLD | SILBER | BRONZE | GESAMT |
|---|---|---|---|---|---|
| ORTLIEB PATRICK | 1992 SKI ALPIN | 1 | | | 1 |
| PALL OLGA | 1968 SKI ALPIN | 1 | | | 1 |
| PLANCK-SZABO HERMA | 1924 EISKUNSTLAUF | 1 | | | 1 |
| REITER MARIO | 1998 SKI ALPIN | 1 | | | 1 |
| SCHROLL THOMAS | 1992 BOB | 1 | | | 1 |
| SCHUBA TRIXI | 1972 EISKUNSTLAUF | 1 | | | 1 |
| SCHWARZ WOLFGANG | 1968 EISKUNSTLAUF | 1 | | | 1 |
| SCHWARZ ELISABETH | 1956 EISKUNSTLAUF | 1 | | | 1 |
| STANGASSINGER THOMAS | 1994 SKI ALPIN | 1 | | | 1 |
| STENGL MANFRED | 1964 RENNRODEL | 1 | | | 1 |
| STOCK LEONHARD | 1980 SKI ALPIN | 1 | | | 1 |
| STROBL FRITZ | 2002 SKI ALPIN | 1 | | | 1 |
| WINKLER HARALD | 1992 BOB | 1 | | | 1 |
| WOLF SIGRID | 1988 SKI ALPIN | 1 | | | 1 |
| ZIMMERMANN EGON | 1964 SKI ALPIN | 1 | | | 1 |
| HÖLLWARTH MARTIN | 1992 + 1998 SKISPRINGEN | | 3 | 1 | 4 |
| PROCK MARKUS | 1992 + 1994 + 2002 RENNRODEL | | 2 | 1 | 3 |
| BÖCKL WILLY | 1924 + 1928 EISKUNSTLAUF | | 2 | 0 | 2 |
| BURGER FRIEDERIKE | 1928 + 1932 EISKUNSTLAUF | | 2 | 0 | 2 |
| DURNTHALER REINHOLD | 1964 + 1968 BOB | | 2 | 0 | 2 |
| THALER ERWIN | 1964 + 1968 BOB | | 2 | 0 | 2 |
| SULZENBACHER KLAUS | 1988 + 1992 NORD. KOMBINATION | | 1 | 3 | 4 |
| KUTTIN HANS | 1992 + 1994 SKISPRINGEN | | 1 | 2 | 3 |
| MEISSNITZER ALEXANDRA | 1998 + 2006 SKI ALPIN | | 1 | 2 | 3 |
| BOTWINOW MICHAIL | 2002 + 2006 LANGLAUF | | 1 | 1 | 2 |
| GÖTSCHL RENATE | 2002 SKI ALPIN | | 1 | 1 | 2 |
| HADSCHIEFF MICHAEL | 1988 EISSCHNELLLAUF | | 1 | 1 | 2 |
| MOLTERER ANDERL | 1956 SKI ALPIN | | 1 | 1 | 2 |
| NEUNER ANGELIKA | 1992 + 1998 RENNRODEL | | 1 | 1 | 2 |
| PRAVDA CHRISTIAN | 1952 SKI ALPIN | | 1 | 1 | 2 |
| SCHILD MARLIES | 2006 SKI ALPIN | | 1 | 1 | 2 |
| BACHLER REINHOLD | 1968 SKISPRINGEN | | 1 | | 1 |
| EDER ELFRIEDE | 1994 SKI ALPIN | | 1 | | 1 |
| EDER JOSEF | 1968 BOB | | 1 | | 1 |
| FELDER ANDREAS | 1992 SKISPRINGEN | | 1 | | 1 |
| FRANDL PUTZI | 1956 SKI ALPIN | | 1 | | 1 |
| GABL FRANZ | 1948 SKI ALPIN | | 1 | | 1 |
| GANDLER MARKUS | 1998 LANGLAUF | | 1 | | 1 |
| GRUBER HERBERT | 1968 BOB | | 1 | | 1 |

# ALLE ÖSTERREICHISCHEN MEDAILLEN-GEWINNER
## 1924–2006

| | | GOLD | SILBER | BRONZE | GESAMT |
|---|---|---|---|---|---|
| GSTREIN BERNHARD | 1988 SKI ALPIN | | 1 | | 1 |
| HEITZER REGINE | 1964 EISKUNSTLAUF | | 1 | | 1 |
| HERBST REINFRIED | 2006 SKI ALPIN | | 1 | | 1 |
| HOSP NICOLE | 2006 SKI ALPIN | | 1 | | 1 |
| HUBER HERBERT | 1968 SKI ALPIN | | 1 | | 1 |
| KAISER OTTO | 1928 EISKUNSTLAUF | | 1 | | 1 |
| KNAUSS HANS | 1998 SKI ALPIN | | 1 | | 1 |
| KOXEDER ADOLF | 1964 BOB | | 1 | | 1 |
| LEITNER HIAS | 1960 SKI ALPIN | | 1 | | 1 |
| MAYER HELMUT | 1988 SKI ALPIN | | 1 | | 1 |
| NAIRZ JOSEF | 1964 BOB | | 1 | | 1 |
| NEUPER HUBERT | 1980 SKISPRINGEN | | 1 | | 1 |
| PAUSIN ERIK | 1936 EISKUNSTLAUF | | 1 | | 1 |
| PAUSIN ILSE | 1936 EISKUNSTLAUF | | 1 | | 1 |
| PAWLIK EVA | 1948 EISKUNSTLAUF | | 1 | | 1 |
| RETTL MARTIN | 2002 SKELETON | | 1 | | 1 |
| ROM DAGMAR | 1952 SKI ALPIN | | 1 | | 1 |
| SCHOLZ LILLY | 1928 EISKUNSTLAUF | | 1 | | 1 |
| SCHÖPF REGINA | 1956 SKI ALPIN | | 1 | | 1 |
| SCHRANZ KARL | 1964 SKI ALPIN | | 1 | | 1 |
| SENN REINHOLD | 1964 RENNRODEL | | 1 | | 1 |
| SEIBT HELMUT | 1952 EISKUNSTLAUF | | 1 | | 1 |
| THALER HELMUT | 1964 RENNRODEL | | 1 | | 1 |
| TOTSCHNIG BRIGITTE | 1976 SKI ALPIN | | 1 | | 1 |
| WALCH EWALD | 1968 RENNRODEL | | 1 | | 1 |
| WALCHHOFER MICHAEL | 2006 SKI ALPIN | | 1 | | 1 |
| WIRNSBERGER PETER | 1980 SKI ALPIN | | 1 | | 1 |
| ZIMMERMANN EDITH | 1964 SKI ALPIN | | 1 | | 1 |
| GOLDBERGER ANDREAS | 1994 SKISPRINGEN | | | 2 | 2 |
| HECHER TRAUDE | 1960 + 1964 SKI ALPIN | | | 2 | 2 |
| HORNGACHER STEFAN | 1994 + 1998 SKISPRINGEN | | | 2 | 2 |
| MAHRINGER ERIKA | 1948 SKI ALPIN | | | 2 | 2 |
| MAYER CHRISTIAN | 1994 + 1998 SKI ALPIN | | | 2 | 2 |
| MESSNER HEINRICH | 1968 + 1972 SKI ALPIN | | | 2 | 2 |
| SCHÖNFELDER RAINER | 2006 SKI ALPIN | | | 2 | 2 |
| ASCHENWALD HANSJÖRG | 1988 NORD. KOMBINATION | | | 1 | 1 |
| BRUNNER MELITTA | 1928 EISKUNSTLAUF | | | 1 | 1 |
| CSAR GÜNTER | 1988 NORD. KOMBINATION | | | 1 | 1 |
| DREXEL WILTRUD | 1972 SKI ALPIN | | | 1 | 1 |

# ALLE ÖSTERREICHISCHEN MEDAILLEN-GEWINNER
## 1924–2006

| | | GOLD | SILBER | BRONZE | GESAMT |
|---|---|---|---|---|---|
| ENN HANS | 1980 SKI ALPIN | | | 1 | 1 |
| FLUCKINGER GEORG | 1980 RENNRODEL | | | 1 | 1 |
| GRABNER SIEGFRIED | 2006 SNOWBOARD | | | 1 | 1 |
| HAMMERER RESI | 1948 SKI ALPIN | | | 1 | 1 |
| HOCHLEITNER THEA | 1956 SKI ALPIN | | | 1 | 1 |
| KASPAR FELIX | 1936 EISKUNSTLAUF | | | 1 | 1 |
| KÖCK BRIGITTE | 1998 SNOWBOARD | | | 1 | 1 |
| KREINER STEFAN | 1992 NORD. KOMBINATION | | | 1 | 1 |
| LEODOLTER OTTO | 1960 SKISPRINGEN | | | 1 | 1 |
| MADER GÜNTHER | 1992 SKI ALPIN | | | 1 | 1 |
| MATT ALFRED | 1968 SKI ALPIN | | | 1 | 1 |
| MOSER CHRISTIAN | 1994 SKISPRINGEN | | | 1 | 1 |
| OFNER KLAUS | 1992 NORD. KOMBINATION | | | 1 | 1 |
| PERNER WOLFGANG | 2002 BIATHLON | | | 1 | 1 |
| PREIML BALDUR | 1968 SKISPRINGEN | | | 1 | 1 |
| RADA EDI | 1948 EISKUNSTLAUF | | | 1 | 1 |
| SCHACHNER FRANZ | 1976 RENNRODEL | | | 1 | 1 |
| SCHIFFERER ANDREAS | 2002 SKI ALPIN | | | 1 | 1 |
| SCHMID RUDOLF | 1976 RENNRODEL | | | 1 | 1 |
| SCHMIDT MARKUS | 1992 RENNRODEL | | | 1 | 1 |
| SCHROTT KARL | 1980 BOB | | | 1 | 1 |
| SCHUSTER WALTER | 1956 SKI ALPIN | | | 1 | 1 |
| SCHWARZENBERGER REINHARD | 1998 SKISPRINGEN | | | 1 | 1 |
| SPISS TONI | 1952 SKI ALPIN | | | 1 | 1 |
| STEINER ANTON | 1984 SKI ALPIN | | | 1 | 1 |
| STIEPL MAX | 1936 EISSCHNELLLAUF | | | 1 | 1 |
| SYKORA THOMAS | 1998 SKI ALPIN | | | 1 | 1 |
| TAGWERKER ANDREA | 1994 RENNRODEL | | | 1 | 1 |
| THURNER HELENE | 1964 RENNRODEL | | | 1 | 1 |
| TRINKL HANNES | 1998 SKI ALPIN | | | 1 | 1 |
| TRITSCHER MICHAEL | 1992 SKI ALPIN | | | 1 | 1 |
| WALLINGER VERONIKA | 1992 SKI ALPIN | | | 1 | 1 |
| WENDL INGRID | 1956 EISKUNSTLAUF | | | 1 | 1 |
| WREDE LUDWIG | 1928 EISKUNSTLAUF | | | 1 | 1 |

# IV. OLYMPISCHE SOMMERSPIELE – WINTERBEWERBE LONDON 1908

## 28.–29. 10. 1908

| TEILNEHMER | | | | BEWERBE | |
|---|---|---|---|---|---|
| NATIONEN | GESAMT | MÄNNER | FRAUEN | SPORTART | DISZIPLINEN |
| 6 | 23 | 15 | 8 | 1 | 4 |

| | DIE OLYMPIA-SIEGER | |
|---|---|---|
| | MÄNNER | FRAUEN |
| EISLAUF | | |
| EINZEL | SALCHOW U. (SWE) | SYERS F. (GBR) |
| PAARLAUF | HÜBNER A. / DR. BURGER H. (GER) | |
| SPEZIALFIGUREN | PANIN N. (RUS) | |

KEINE ÖSTERREICHER AM START

# VII. OLYMPISCHE SOMMERSPIELE – WINTERBEWERBE ANTWERPEN 1920

## 25.–27. 4. 1920

| TEILNEHMER | | | | BEWERBE | |
|---|---|---|---|---|---|
| NATIONEN | GESAMT | MÄNNER | FRAUEN | SPORTARTEN | DISZIPLINEN |
| 10 | 94 | 81 | 14 | 2 | 4 |

| | DIE OLYMPIA-SIEGER | |
|---|---|---|
| | MÄNNER | FRAUEN |
| EISLAUF | | |
| EINZEL | GRAFSTRÖM G. (SWE) | JULIN M. (SWE) |
| PAARLAUF | JAKOBSSON L. / JAKOBSSON W. (FIN) | |
| EISHOCKEY | | |
| | KANADA | |

KEINE ÖSTERREICHER AM START

# I. OLYMPISCHE WINTERSPIELE CHAMONIX
## 24. 1.–5. 2. 1924

| TEILNEHMER | | | | BEWERBE | |
|---|---|---|---|---|---|
| NATIONEN | GESAMT | MÄNNER | FRAUEN | SPORTARTEN | DISZIPLINEN |
| 16 | 258 | 245 | 13 | 6 | 16 |

| DIE ERFOLGREICHSTEN NATIONEN | |
|---|---|
| 1. NORWEGEN | 17 4 - 7 - 6 |
| 2. FINNLAND | 10 4 - 3 - 3 |
| 3. ÖSTERREICH | 3 2 - 1 - 0 |

| DIE ERFOLGREICHSTEN SPORTLER | |
|---|---|
| THUNBERG C. (FIN) | 5 3 - 1 - 0 |
| HAUG T. (NOR) | 3 3 - 0 - 0 |
| SKUTNABB J. (FIN) | 3 1 - 1 - 1 |

DIE OLYMPIA-SIEGER

| | MÄNNER | FRAUEN |
|---|---|---|
| **EISKUNSTLAUF** | | |
| EINZEL | GRAFSTRÖM G. (SWE) | PLANCK-SZABO H. |
| PAARLAUF | ENGELMANN H. / BERGER A. | |
| **EISSCHNELLLAUF** | | |
| 500 M | JEWTRAW C. (USA) | |
| 1500 M | THUNBERG C. (FIN) | |
| 5000 M | THUNBERG C. (FIN) | |
| 10000 M | SKUTNABB J. (FIN) | |
| MEHRKAMPF | THUNBERG C. (FIN) | |
| **BOB** | | |
| VIERER / FÜNFER | SUI III / SCHERER E., NEVEAU A., SCHLÄPPI A., SCHLÄPPI H. X)1 | |
| **SKISPRUNG** | | |
| SKISPRUNG | THAMS J. (NOR) | |
| **LANGLAUF** | | |
| LANGLAUF 18 KM | HAUG T. (NOR) | |
| LANGLAUF 50 KM | HAUG T. (NOR) | |
| **NORDISCHE KOMBINATION** | | |
| NORD. KOM. EINZEL | HAUG T. (NOR) | |
| **EISHOCKEY** | | |
| | KANADA | |

DIE ÖSTERREICHER – ALLE PLATZIERUNGEN

| | MÄNNER | FRAUEN |
|---|---|---|
| **EISKUNSTLAUF** | | |
| EINZEL | 2. BÖCKL W. | 1. PLANCK-SZABO H. |
| PAARLAUF | 1. ENGELMANN H./ BERGER A. | |

X)1 VIERER- ODER FÜNFERTEAMS WAREN ZUGELASSEN

# II. OLYMPISCHE WINTERSPIELE ST. MORITZ

## 11.–19. 2. 1928

| TEILNEHMER | | | | BEWERBE | |
|---|---|---|---|---|---|
| NATIONEN | GESAMT | MÄNNER | FRAUEN | SPORTARTEN | DISZIPLINEN |
| 25 | 464 | 437 | 27 | 4 | 14 |

| DIE ERFOLGREICHSTEN NATIONEN | |
|---|---|
| 1. NORWEGEN | 15 6 - 4 - 5 |
| 2. USA | 6 2 - 2 - 2 |
| 3. SCHWEDEN | 5 2 - 2 - 1 |
| 7. ÖSTERREICH | 4 0 - 3 - 1 |

| DIE ERFOLGREICHSTEN SPORTLER | |
|---|---|
| GRÖTTUMSBRATEN J. (NOR) | 2 2 - 0 - 0 |
| THUNBERG C. (FIN) | 2 2 - 0 - 0 |
| EVENSEN B. (NOR) | 3 1 - 1 - 1 |

| | DIE OLYMPIA-SIEGER | |
|---|---|---|
| | MÄNNER | FRAUEN |
| | EISKUNSTLAUF | |
| EINZEL | GRAFSTRÖM G. (SWE) | HENIE S. (NOR) |
| PAARLAUF | JOLY A. / BRUNET P. (FRA) | |
| | EISSCHNELLLAUF | |
| 500 M | EVENSON B. (NOR) | |
| 1500 M | THUNBERG C. (FIN) | |
| 5000 M | BALLANGRUD I. (NOR) | |
| 10.000 M | X) wegen Tauwetters abgebrochen | |
| | SKELETON | |
| | HEATON J. (USA) | |
| | EISHOCKEY | |
| | KANADA | |
| | SKISPRUNG | |
| | ANDERSEN A. (NOR) | |
| | LANGLAUF | |
| 18 KM | GRÖTTUMSBRATEN J. (NOR) | |
| 50 KM | HEDLUND G. (SWE) | |
| | NORDISCHE KOMBINATION | |
| EINZEL | GRÖTTUMSBRATEN J. (NOR) | |
| | BOB | |
| FÜNFER | USA II / FISKE W., TUCKER N., MASON G., GRAY C., PARKE R. | |

| | DIE ÖSTERREICHER – ALLE PLATZIERUNGEN | |
|---|---|---|
| | MÄNNER | FRAUEN |
| | EISKUNSTLAUF | |
| EINZEL | 2. BÖCKL W. | 2. BURGER F. |
| | 4. SCHÄFER K. | 7. BRUNNER M. |
| | 8. WREDE L. | 8. HORNUNG F. |
| | | 17. KUBITSCHEK G. |
| PAARLAUF | 2. SCHOLZ L. / KAISER O. | |
| | 3. BRUNNER M. / WREDE L. | |
| | EISSCHNELLLAUF | |
| 500 M | 18. MOSER F. | |
| | 21. POLACSEK O. | |
| | 24. RIEDL R. | |
| 1500 M | 16. MOSER F. | |
| | 22. RIEDL R. | |
| 5000 M | 8. POLACSEK O. | |
| | 26. RIEDL R. | |
| | 27. MOSER F. | |
| 10.000 M | POLACSEK O. X) | |
| | RIEDL R. X) | |
| | X) wegen Tauwetters abgebrochen | |
| | SKISPRUNG | |
| | 29. BOSIO H. | |
| | LANGLAUF | |
| 18 KM | 17. PAUMGARTEN H. | |
| | NORDISCHE KOMBINATION | |
| EINZEL | 17. PAUMGARTEN H. | |
| | BOB | |
| FÜNFER | 22. ÖSTERREICH II LORENZ F., WOHLGEMUTH F., PECHANDA E., KARNER B., LORENZ R., DSQ ÖSTERREICH I MADER G., LANGER F., SEHR W., PAMPERL F., WEINSTENGEL H. | |
| | SKELETON | |
| | 6. UNTERLECHNER F. | |
| | 8. HASENHOPF L. | |
| | EISHOCKEY | |
| | ÖSTERREICH VORRUNDE BRÜCK, BRÜCK, ERTL, DIETRICHSTEIN,GÖBL, KAIL,KLANG, LEDERER, SEIL,SPEVAK,TATZER, WEISS | |

# III. OLYMPISCHE WINTERSPIELE LAKE PLACID
## 4.–15. 2. 1932

| TEILNEHMER | | | | BEWERBE | |
|---|---|---|---|---|---|
| NATIONEN | GESAMT | MÄNNER | FRAUEN | SPORTARTEN | DISZIPLIN |
| 17 | 252 | 220 | 32 | 4 | 14 |

| DIE ERFOLGREICHSTEN NATIONEN | |
|---|---|
| 1. USA | 12 6 - 4 - 2 |
| 2. NORWEGEN | 10 3 - 4 - 3 |
| 3. SCHWEDEN | 3 1 - 2 - 0 |
| 6. ÖSTERREICH | 2 1 - 1 - 0 |

| DIE ERFOLGREICHSTEN SPORTLER | |
|---|---|
| | |
| SHEA A. (USA) | 2 2 - 0 - 0 |
| JAFFEE I. (USA) | 2 2 - 0 - 0 |
| SAARINEN V. (FIN) | 2 1 - 0 - 1 |

### DIE OLYMPIA-SIEGER

| | MÄNNER | FRAUEN |
|---|---|---|
| **EISKUNSTLAUF** | | |
| EINZEL | SCHÄFER K. (AUT) | HENIE S. (NOR) |
| PAARLAUF | BRUNET A. / BRUNET P. (FRA) | |
| **EISSCHNELLLAUF** | | |
| 500 M | SHEA A. (USA) | |
| 1500 M | SHEA A. (USA) | |
| 5000 M | JAFFEE I. (USA) | |
| 10.000 M | JAFFEE I. (USA) | |
| **EISHOCKEY** | | |
| | KANADA | |
| **SKISPRUNG** | | |
| | RUUD B. (NOR) | |
| **LANGLAUF** | | |
| 18 KM | UTTERSTRÖM S. (SWE) | |
| 50 KM | SAARINEN V. (FIN) | |
| **NORDISCHE KOMBINATION** | | |
| EINZEL | GRÖTTUMSBRATEN J. (NOR) | |
| **BOB** | | |
| ZWEIER | USA I / STEVENS J., STEVENS C. | |
| VIERER | USA I / FISKE W., EAGAN E., O'BRIEN J., GRAY C. | |

### DIE ÖSTERREICHER – ALLE PLATZIERUNGEN

| | MÄNNER | FRAUEN |
|---|---|---|
| **EISKUNSTLAUF** | | |
| EINZEL | 1. SCHÄFER K. | 2. BURGER F. |
| **BOB** | | |
| ZWEIER | 12. ÖSTERREICH I / WEINSTENGEL H., GUDENUS J. | |
| **SKISPRUNG** | | |
| SKISPRUNG | 25. PAUMGARTEN H. | |
| | 34. BOSIO H. | |
| **LANGLAUF** | | |
| 18 KM | 21. BOSIO H. | |
| | 29. PAUMGARTEN H. | |
| | 41. HÖLL G. | |
| **NORDISCHE KOMBINATION** | | |
| EINZEL | 18. PAUMGARTEN H. | |
| | 29. BOSIO H. | |
| | 33. HÖLL G. | |

# IV. OLYMPISCHE WINTERSPIELE GARMISCH
## 6.–16. 2. 1936

| TEILNEHMER | | | | BEWERBE | |
|---|---|---|---|---|---|
| NATIONEN | GESAMT | MÄNNER | FRAUEN | SPORTARTEN | DISZIPLIN |
| 28 | 646 | 566 | 80 | 4 | 17 |

| DIE ERFOLGREICHSTEN NATIONEN | |
|---|---|
| 1. NORWEGEN | 15 7 - 5 - 3 |
| 2. DEUTSCHLAND | 6 3 - 3 - 0 |
| 3. SCHWEDEN | 7 2 - 2 - 3 |
| 6. ÖSTERREICH | 4 1 - 1 - 2 |

| DIE ERFOLGREICHSTEN SPORTLER | |
|---|---|
| BALLANGRUD I. (NOR) | 4 3 - 1 - 0 |
| HAGEN O. (NOR) | 3 1 - 2 - 0 |
| BAIER E. (GER) | 2 1 - 1 - 0 |
| SCHÄFER K. (AUT) | 1 1 - 0 - 0 |

| | DIE OLYMPIA-SIEGER | |
|---|---|---|
| | MÄNNER | FRAUEN |
| **ALPIN** | | |
| KOMBINATION | PFNÜR F. (GER) | CRANZ C. (GER) |
| **EISKUNSTLAUF** | | |
| EINZEL | SCHÄFER K. (AUT) | HENIE S. (NOR) |
| PAARLAUF | HERBER H. / BAIER E. (GER) | |
| **EISSCHNELLAUF** | | |
| 500 M | BALLANGRUD I. (NOR) | |
| 1500 M | MATHIESEN C. (NOR) | |
| 5000 M | BALLANGRUD I. (NOR) | |
| 10.000 M | BALLANGRUD I. (NOR) | |
| **EISHOCKEY** | | |
| | GROSSBRITANNIEN | |
| **SKISPRUNG** | | |
| | RUUD B. (NOR) | |
| **LANGLAUF** | | |
| 18 KM | LARSSON E. (SWE) | |
| 50 KM | WIKLUND E. (SWE) | |
| 4 x 10 KM | FINNLAND / NURMELA S., KARPPINEN K., LÄHDE M., JALKANEN K. | |
| **NORDISCHE KOMBINATION** | | |
| EINZEL | HAGEN O. (NOR) | |
| **BOB** | | |
| ZWEIER | USA I / BROWN I., WASHBOND A. | |
| VIERER | SCHWEIZ II / MUSY P., GARTMANN A., BOUVIER C., BEERLI J. | |

| DIE ÖSTERREICHER - ALLE PLATZIERUNGEN | MÄNNER | FRAUEN |
|---|---|---|
| **ALPIN** | | |
| KOMBINATION | X)1 | 13. NISSL G. |
| | | 17. ROSMINI P. |
| | | 18. WEIKERT G. |
| | | 20. LETTNER K. |
| **EISKUNSTLAUF** | | |
| EINZEL | 1. SCHÄFER K. | 6. STENUF H. |
| | 3. KASPAR F. | 7. PUTZINGER E. |
| | 11. LINHART L. | 9. LAINER M. |
| | 14. MAY H. | 14. SCHENK B. |
| PAARLAUF | 2. PAUSIN I. / PAUSIN E. | |
| | 14. BÄUMEL E. / WÄCHTLER F. | |
| **EISSCHNELLLAUF** | | |
| 500 M | 6. LEBAN K. | |
| | 13. WAZULEK K. | |
| | 21. PREINDL F. | |
| | 24. SLANEC D | |
| 1500 M | 5. STIEPL M. | |
| | 6. WAZULEK K. | |
| | 12. LEBAN K. | |
| | 25. PREINDL F. | |
| 5000M | 5. STIEPL M. | |
| | 8. WAZULEK K. | |
| | 19. LÖWINGER W. | |
| | 24. PROCHASKA K. | |
| 10.000 M | 3. STIEPL M. | |
| | 11. WAZULEK K. | |
| | 24. LÖWINGER W. | |
| | 27. ORTNER F. | |
| **EISHOCKEY** | | |
| | ÖSTERREICH ZWISCHENRUNDE / NEIMAIER, NOVAK, SEIDLER, SCHÜSSLER, STANEK, TATZER, TRAUTTENBERG, VOJTA, WEISS | |

| DIE ÖSTERREICHER - ALLE PLATZIERUNGEN | MÄNNER | Frauen |
|---|---|---|
| **SKISPRUNG** | | |
| | 19. BRADL J. | |
| | 25. MARIACHER H. | |
| | 26. RIEGER R. | |
| | 36. ASCHENWALD F. | |
| **LANGLAUF** | | |
| 18 KM | 28. BOSIO H. | |
| | 36. JAMNIG H. | |
| | 39. RÖSSNER A. | |
| | 41. GALLWITZ F. | |
| 4 x 10 KM | 8. ÖSTERREICH / RÖSSNER A., BOSIO H., GALLWITZ F., BAUMANN H. | |
| **NORDISCHE KOMBINATION** | | |
| EINZEL | 15. KÖSTINGER H. | |
| | 17. BAUMANN H. | |
| | 25. MAYER M. | |
| | 33. DELLE-KARTH W. | |
| **BOB** | | |
| ZWEIER | 13. ÖSTERREICH I / STÜRER H., ROTTENSTEINER H. | |
| | 10. ÖSTERREICH II / VOLCKMAR H., KALTENBERGER A. | |
| VIERER | 11. ÖSTERREICH I / LORENZ F., LORENZ R., WOHLGEMUTH F., HÖLL R. | |
| | 13. ÖSTERREICH II / WIGELBEYER V., BEDNAR F., BEDNAR R., GUDENUS J. | |

X)1 DAS IOC LIESS KEINE SKILEHRER ZU, WESHALB DIE BESTEN ÖSTERREICHER NICHT STARTEN DURFTEN

# V. OLYMPISCHE WINTERSPIELE ST. MORITZ

## 30.1.–8. 2. 1948

| TEILNEHMER | | | | BEWERBE | |
|---|---|---|---|---|---|
| NATIONEN | GESAMT | MÄNNER | FRAUEN | SPORTARTEN | DISZIPLIN |
| 28 | 669 | 592 | 77 | 4 | 22 |

| DIE ERFOLGREICHSTEN NATIONEN | | |
|---|---|---|
| 1. SCHWEDEN | 10 | 4 - 3 - 3 |
| NORWEGEN | 10 | 4 - 3 - 3 |
| 3. SCHWEIZ | 10 | 3 - 4 - 3 |
| 7. ÖSTERREICH | 8 | 1 - 3 - 4 |

| DIE ERFOLGREICHSTEN SPORTLER | | |
|---|---|---|
| OREILLER H. (FRA) | 3 | 2 - 0 - 1 |
| LUNDSTRÖM M. (SWE) | 2 | 2 - 0 - 0 |
| BEISER T. (AUT) | 2 | 1 - 1 - 0 |

| DIE OLYMPIA-SIEGER | MÄNNER | FRAUEN |
|---|---|---|
| **ALPIN** | | |
| ABFAHRT | OREILLER H. (FRA) | SCHLUNEGGER H. (SUI) |
| SLALOM | REINALTER E. (SUI) | FRASER G. (USA) |
| KOMBINATION | OREILLER H. (FRA) | BEISER T. (AUT) |
| **EISKUNSTLAUF** | | |
| EINZEL | BUTTON D. (USA) | SCOTT B. (CAN) |
| PAARLAUF | LANNOY M./BAUGNIET B. (BEL) | |
| **EISSCHNELLLAUF** | | |
| 500 M | HEIGESEN F. (NOR) | |
| 1500 M | FARSTAD S. (NOR) | |
| 5000 M | LIAKLEV R. (NOR) | |
| 10.000 M | SEYFFARTH A. (SWE) | |
| **EISHOCKEY** | | |
| | KANADA | |
| **SKELETON** | | |
| | BIBBIA N. (ITA) | |

| DIE OLYMPIA-SIEGER | MÄNNER | FRAUEN |
|---|---|---|
| **SKISPRUNG** | | |
| | HUGSTED P. (NOR) | |
| **LANGLAUF** | | |
| 18 KM | LUNDSTRÖM M. (SWE) | |
| 50 KM F | KARLSSON N. (SWE) | |
| 4 x 10 KM | SCHWEDEN / ÖSTENSSON N., TÄPP N., ERIKSSON G., LUNDSTRÖM M. | |
| **NORDISCHE KOMBINATION** | | |
| EINZEL | HASU H. (FIN) | |
| **BOB** | | |
| ZWEIER | SCHWEIZ II / ENDRICH F., WALLER W. | |
| VIERER | USA II / TYLER F., MARTIN P., RIMKUS E., D´AMICO W. | |

| | DIE ÖSTERREICHER – ALLE PLATZIERUNGEN | |
|---|---|---|
| | MÄNNER | FRAUEN |
| **ALPIN** | | |
| ABFAHRT | 2. GABL F. | 2. BEISER T. |
| | 5. SCHÖPF E. | 3. HAMMERER R. |
| | 9. NOGLER H. | 16. ZÜCKERT A. |
| | 14. HAIDER E. | 17. SCHUH-PROXAUF A. |
| | 15. KNEISL E. | 19. MAHRINGER E. |
| | 19. MALL E. | 26. NOGLER S. |
| SLALOM | 6. SCHÖPF E. | 3. MAHRINGER E. |
| | 12. MALL E. | 6. SCHUH-PROXAUF A. |
| | 17. HAIDER E. | 7. HAMMERER R. |
| | DSQ PRAVDA C. | DSQ ZÜCKERT A. |
| | DNF HINTERHOLZER A. | |
| KOMBINATION | 4. MALL E. | 1. BEISER T. |
| | 8. NOGLER H. | 3. MAHRINGER E. |
| | 11. KNEISL E. | 7. SCHUH-PROXAUF A. |
| | 13. HAIDER E. | 12. HAMMERER R. |

| | EISKUNSTLAUF | |
|---|---|---|
| EINZEL | 3. RADA E. | 2. PAWLIK E. |
| | 8. MAY H. | 9. BACHEM M. |
| | 9. SEIBT H. | 18. APPELTAUER H. |
| | | 20. SOLAR I. |
| PAARLAUF | 9. RATZENHOFER H. /RATZENHOFER E. | |
| | 11. GIEBISCH S. /SEIBT H. | |

| | EISSCHNELLLAUF | |
|---|---|---|
| 500 M | 37. SLANEC G. | |
| | 41. PREINDL F. | |
| 1500 M | 38. STIEPL M. | |
| | 40. SLANEC G. | |
| | 44. PREINDL F. | |
| 5000 M | 24. STIEPL M. | |
| 10.000 M | 10. STIEPL M. | |

| | DIE ÖSTERREICHER – ALLE PLATZIERUNGEN | |
|---|---|---|
| | MÄNNER | FRAUEN |
| **SKISPRUNG** | | |
| | 24. HÖLL G. | |
| | 28. WIESER A. | |
| | 35. HADWIGER H. | |

| | LANGLAUF | |
|---|---|---|
| 18 KM | 28. RAFREIDER K. | |
| | 36. GSTREIN J. | |
| | 39. HUNDERTPFUND E. | |
| | 45. NOICHL M. | |
| | 46. DEUTSCHMANN J. | |
| | 61. HASLWANTER P. | |
| | 64. MARTITSCH K. | |
| | 68. HAMMERSCHMIED H. | |
| 50 KM F | 12. GSTREIN J. | |
| 4 x 10 KM | 4. ÖSTERREICH / DEUTSCHMANN J., GSTREIN J., HUNDERTPFUND E., RAFREIDER K. | |

| | NORDISCHE KOMBINATION | |
|---|---|---|
| EINZEL | 16. GSTREIN J. | |
| | 21. MARTITSCH K. | |
| | 23. HAMMERSCHMIED H. | |

| | SKELETON | |
|---|---|---|
| EINZEL | DNF KURANDA H. | |

| | EISHOCKEY | |
|---|---|---|
| | 7. ÖSTERREICH / BÖHM, CSÖNGEI, DEMMER, ENGEL, FEISTRITZER, GROSS, HAFNER, HUBER, JUHN, NOVACK, REICHEL, SCHNEIDER, SPECHT, STANEK, ULRICH, WALTER, WINGER, WURMBRAND | |

# VI. OLYMPISCHE WINTERSPIELE OSLO
## 14.–25. 2. 1952

| TEILNEHMER | | | | BEWERBE | |
|---|---|---|---|---|---|
| NATIONEN | GESAMT | MÄNNER | FRAUEN | SPORTARTEN | DISZIPLIN |
| 30 | 694 | 585 | 109 | 4 | 22 |

| DIE ERFOLGREICHSTEN NATIONEN | | |
|---|---|---|
| 1. NORWEGEN | 16 | 7 - 3 - 6 |
| 2. USA | 11 | 4 - 6 - 1 |
| 3. FINNLAND | 9 | 3 - 4 - 2 |
| 5. ÖSTERREICH | 8 | 2 - 4 - 2 |

| DIE ERFOLGREICHSTEN SPORTLER | | |
|---|---|---|
| ANDERSEN H. (NOR) | 3 | 3 - 0 - 0 |
| MEAD-LAWRENCE A. (USA) | 2 | 2 - 0 - 0 |
| OSTLER A. (GER) | 2 | 2 - 0 - 0 |
| SCHNEIDER O. (AUT) | 2 | 1 - 1 - 0 |

| DIE OLYMPIA-SIEGER | MÄNNER | FRAUEN |
|---|---|---|
| **ALPIN** | | |
| ABFAHRT | COLO Z. (ITA) | JOCHUM-BEISER T. (AUT) |
| SLALOM | SCHNEIDER O. (AUT) | MEAD-LAWRENCE A. (USA) |
| RIESENTORLAUF | ERIKSEN S. (NOR) | MEAD-LAWRENCE A. (USA) |
| **EISKUNSTLAUF** | | |
| EINZEL | BUTTON D. (USA) | ALTWEGG J. (GBR) |
| PAARLAUF | FALK R. / FALK P. (GER) | |
| **EISSCHNELLLAUF** | | |
| 500 M | HENRY K. (USA) | |
| 1500 M | ANDERSEN H. (NOR) | |
| 5000 M | ANDERSEN H. (NOR) | |
| 10.000 M | ANDERSEN H. (NOR) | |
| **EISHOCKEY** | | |
| | KANADA | |

| DIE OLYMPIA-SIEGER | MÄNNER | FRAUEN |
|---|---|---|
| **SKISPRUNG** | | |
| | BERGMANN A. (NOR) | |
| **LANGLAUF** | | |
| 10 KM | | WIDEMAN L. (FIN) |
| 18 KM | BRENDEN H. (NOR) | |
| 50 KM F | HAKULINEN V. (FIN) | |
| 4 x 10 KM | FINNLAND / HASU H., LONKILA P., KORHONEN U., MÄKÄLÄ T. | |
| **NORDISCHE KOMBINATION** | | |
| EINZEL | SLATTVIK S. (NOR) | |
| **BOB** | | |
| ZWEIER | DEUTSCHLAND I / OSTLER A., NIEBERL L. | |
| VIERER | DEUTSCHLAND I / OSTLER A., NIEBERL L., KEMSER F., KUHN F. | |

| DIE ÖSTERREICHER – ALLE PLATZIERUNGEN | MÄNNER | FRAUEN |
|---|---|---|
| **ALPIN** | | |
| ABFAHRT | 2. SCHNEIDER O. | 1. JOCHUM-BEISER T. |
| | 3. PRAVDA C. | 4. MAHRINGER E. |
| | 28. LINHER O. | 5. ROM D. |
| | DNF SCHÖPF E. | 24. KLECKER T. |
| SLALOM | 1. SCHNEIDER O. | 8. JOCHUM-BEISER T. |
| | 29. PRAVDA C. | 17. SAILER R. |
| | DSQ SPISS T. | 22. MAHRINGER E. |
| | DSQ SENGER H. | 36. ROM D. |
| RIESENTORLAUF | 2. PRAVDA C. | 2. ROM D. |
| | 3. SPISS T. | 4. KLECKER T. |
| | 9. SENGER H. | 11. JOCHUM-BEISER T. |
| | DSQ SCHÖPF E. | 17. MAHRINGER E. |
| **EISKUNSTLAUF** | | |
| EINZEL | 2. SEIBT H. | 16. SCHILHAN A. |
| | 11. OPPELT K. | 19. SCHWARZ E. |
| PAARLAUF | 9. SCHWARZ E. / OPPELT K. | |
| **EISSCHNELLLAUF** | | |
| 500 M | 25. OFFENBERGER F. | |
| | 36. PECHER K. | |
| | 37. MANNSBARTH A. | |
| 1500 M | 20. OFFENBERGER F. | |
| | 22. MANNSBARTH A. | |
| | 36. PECHER K. | |
| 5000 M | 8. MANNSBARTH A. | |
| | 30. OFFENBERGER F. | |
| 10.000 M | 11. MANNSBARTH A. | |
| | 26. OFFENBERGER F. | |

| DIE ÖSTERREICHER – ALLE PLATZIERUNGEN | MÄNNER | FRAUEN |
|---|---|---|
| **SKISPRUNG** | | |
| | 14. STEINEGGER W. | |
| | 21. DIETRICH R. | |
| | 29. EDER H. | |
| | DNF BRADL S. | |
| **LANGLAUF** | | |
| 10 KM | | DNF KLADENSKY L. |
| 18 KM | 23. SCHNEEBERGER J. | |
| | 28. NOICHL M. | |
| | 31. EDER H. | |
| | 43. KRISCHAN F: | |
| | 48. SCHULZ O. | |
| | 51. KOHL L. | |
| | 69. SCHIFFNER S. | |
| | DNF RADACHER P. | |
| 4 x 10 KM | 5. ÖSTERREICH / EDER H., KRISCHAN F., SCHNEEBERGER J., RAFFREIDER K. | |
| **NORDISCHE KOMBINATION** | | |
| EINZEL | 9. EDER H. | |
| | 18. KOHL L. | |
| | 20. SCHIFFNER J. | |
| | DNF RADACHER P. | |
| **BOB** | | |
| ZWEIER | 9. ÖSTERREICH I / WAGNER K., ECKHARDT F. | |
| | 16. ÖSTERREICH II / HOPPICHLER H., THURNER W. | |
| VIERER | 5. ÖSTERREICH I / ASTE P., ECKHARDT F., WAGNER K., PALKA H. | |
| | DNF ÖSTERREICH II / THURNER W., LOSERT K., HOPPICHLER H., KNEISSL F. | |

# VII. OLYMPISCHE WINTERSPIELE CORTINA
## 26.1.–5. 2. 1956

| TEILNEHMER | | | | BEWERBE | |
|---|---|---|---|---|---|
| NATIONEN | GESAMT | MÄNNER | FRAUEN | SPORTARTEN | DISZIPLIN |
| 32 | 821 | 689 | 132 | 4 | 24 |

| DIE ERFOLGREICHSTEN NATIONEN | |
|---|---|
| 1. SOWJETUNION | 16 7 - 3 - 6 |
| 2. ÖSTERREICH | 11 4 - 3 - 4 |
| 3. FINNLAND | 7 3 - 3 - 1 |

| DIE ERFOLGREICHSTEN SPORTLER | |
|---|---|
| SAILER T. (AUT) | 3 3 - 0 - 0 |
| GRISCHIN J. (URS) | 2 2 - 0 - 0 |
| JERNBERG S. (SWE) | 4 1 - 2 - 1 |

| | DIE OLYMPIA-SIEGER MÄNNER | DIE OLYMPIA-SIEGER FRAUEN |
|---|---|---|
| **ALPIN** | | |
| ABFAHRT | SAILER T. (AUT) | BERTHOD M. (SUI) |
| SLALOM | SAILER T. (AUT) | COLLIARD R. (SUI) |
| RIESENTORLAUF | SAILER T. (AUT) | REICHERT O. (GER) |
| **EISKUNSTLAUF** | | |
| EINZEL | JENKINS A. (USA) | ALBRIGHT E. (USA) |
| PAARLAUF | SCHWARZ E. / OPPELT K. (AUT) | |
| **EISSCHNELLLAUF** | | |
| 500 M | GRISCHIN J. (URS) | |
| 1500 M | GRISCHIN J./ MICHAILOV J. (URS) ex aequo | |
| 5000 M | SCHILKOW B. (URS) | |
| 10.000 M | ERICSSON J. (SWE) | |
| **BOB** | | |
| ZWEIER | ITALIEN I / DALLA COSTA L., CONTI G., | |
| VIERER | SCHWEIZ I / KAPUS F., DIENER G., ANGST H., ALT R. | |

| | DIE OLYMPIA-SIEGER MÄNNER | DIE OLYMPIA-SIEGER FRAUEN |
|---|---|---|
| **SKISPRUNG** | | |
| | HYVÄRINEN A. (FIN) | |
| **LANGLAUF** | | |
| 10 KM | | KOSYRJEVA L. (URS) |
| 15 KM | BRENDEN H. (NOR) | |
| 30 KM | HAKULINEN V. (FIN) | |
| 50 KM | JERNBERG S. (SWE) | |
| 4 x 10 KM | SOWJETUNION / TERENTJEW F., ANIKIN N., KOLTSCHIN P., KUSIN W. | |
| 3 x 5 KM | | FINNLAND / POLKUNEN S., RANTANEN S., HIETAMIES M. |
| **NORDISCHE KOMBINATION** | | |
| EINZEL | STENERSEN S. (NOR) | |
| **EISHOCKEY** | | |
| | SOWJETUNION | |

| | DIE ÖSTERREICHER – ALLE PLATZIERUNGEN MÄNNER | FRAUEN |
|---|---|---|
| **ALPIN** | | |
| ABFAHRT | 1. SAILER T. | 4. HOFHER H. |
| | 3. MOLTERER A. | 7. HOCHLEITNER T. |
| | DSQ RIEDER J. | 12. KLECKER T. |
| | DSQ SCHUSTER W. | 13. FRANDL J. |
| SLALOM | 1. SAILER T. | 2. SCHÖPF R. |
| | 12. SCHNEIDER O. | 5. FRANDL J. |
| | DSQ MOLTERER A. | 12. HOCHLEITNER T. |
| | DSQ RIEDER J. | 24. HOFHER H. |
| RIESENTORLAUF | 1. SAILER T. | 2. FRANDL J. |
| | 2. MOLTERER A. | 3. HOCHLEITNER T. |
| | 3. SCHUSTER W. | 9. SCHÖPF R. |
| | 6. HINTERSEER E. | 33. KLECKER T. |
| **EISKUNSTLAUF** | | |
| EINZEL | 7. FELSINGER N. | 3. WENDL I. |
| | | 5. EIGEL H. |
| | | 7. WALTER H. |
| PAARLAUF | 1. SCHWARZ E. / OPPELT K. | |
| | 9. ELLEND E. / LIENERT K. | |
| **EISSCHNELLLAUF** | | |
| 500 M | 32. OFFENBERGER F. | |
| | 37. BIEL E. | |
| | 41. EMINGER K. | |
| 1500 M | 11. OFFENBERGER F. | |
| | 32. MANNSBARTH A. | |
| | 38. EMINGER K. | |
| | 51. BIEL E. | |
| 5000 M | 28. MANNSBARTH A. | |
| | 34. OFFENBERGER F. | |
| | 38. EMINGER K. | |
| 10.000 M | 29. MANNSBARTH A. | |

| | DIE ÖSTERREICHER – ALLE PLATZIERUNGEN MÄNNER | FRAUEN |
|---|---|---|
| **SKISPRUNG** | | |
| | 12. BRADL J. | |
| | 15. HABERSATTER W. | |
| | 19. SCHWEINBERGER R. | |
| | 30. LEODOLTER O. | |
| **LANGLAUF** | | |
| 15 KM | 28. SCHNEEBERGER J. | |
| | 35. RAFREIDER K. | |
| | 39. MAYR H. | |
| | 59. SCHULZ O. | |
| 4 x 10 KM | 11. ÖSTERREICH / MAYR H., RAFREIDER K., SCHNEEBERGER J., SCHULZ O. | |
| **NORDISCHE KOMBINATION** | | |
| EINZEL | 11. SCHIFFNER J. | |
| | 16. EGGER W. | |
| | 17. KOHL L. | |
| **BOB** | | |
| ZWEIER | 12. ÖSTERREICH I / ASTE P., ISSER H., | |
| | 15. ÖSTERREICH II / TONN A., WAGNER K. | |
| VIERER | 7. ÖSTERREICH II / LOSERT K., DOMONIK F., SCHWARZBÖCK K., THURNER W. | |
| | 10. ÖSTERREICH I / ISSER H., RUSCH F., TONN A., WAGNER K. | |
| **EISHOCKEY** | | |
| | 10. ÖSTERREICH / HAFNER, JÖCHL, KNOLL, KURZ, MÖSSMER, NUSSER, POTUCEK, PÜLS, SCHMID, SPIELMANN, STAUDINGER, SPRINGER, WAGNER, ZHENAHLIK, ZOLLNER | |

# VIII. OLYMPISCHE WINTERSPIELE SQUAW VALLEY
## 18.–28. 2. 1960

| TEILNEHMER | | | | BEWERBE | |
|---|---|---|---|---|---|
| NATIONEN | GESAMT | MÄNNER | FRAUEN | SPORTARTEN | DISZIPLINEN |
| 30 | 665 | 521 | 144 | 4 | 27 |

| DIE ERFOLGREICHSTEN NATIONEN | | |
|---|---|---|
| 1. SOWJETUNION | 21 | 7 - 5 - 9 |
| 2. DEUTSCHLAND | 8 | 4 - 3 - 1 |
| 3. USA | 10 | 3 - 4 - 3 |
| 9. ÖSTERREICH | 6 | 1 - 2 - 3 |

| DIE ERFOLGREICHSTEN SPORTLER | | |
|---|---|---|
| SKOBLIKOWA L. (URS) | 2 | 2 - 0 - 0 |
| GRISCHIN J. (URS) | 2 | 2 - 0 - 0 |
| HAKULINEN V. (FIN) | 3 | 1 - 1 - 1 |
| HINTERSEER E. (AUT) | 2 | 1 - 0 - 1 |

| DIE OLYMPIA-SIEGER | MÄNNER | FRAUEN |
|---|---|---|
| **ALPIN** | | |
| ABFAHRT | VUARNET J. (FRA) | BIEHL H. (GER) |
| SLALOM | HINTERSEER E. (AUT) | HEGGTVEIT A. (CAN) |
| RIESENTORLAUF | STAUB R. (SUI) | RÜEGG Y. (SUI) |
| **EISKUNSTLAUF** | | |
| EINZEL | JENKINS D. (USA) | HEISS C. (USA) |
| PAARLAUF | WAGNER B. / PAUL R. (USA) | |
| **EISSCHNELLLAUF** | | |
| 500 M | GRISCHIN J. (URS) | HAASE H. (GER) |
| 1000M | | GUSSEWA K. (URS) |
| 1500 M | AAS E. (NOR)/ GRISCHIN J. (URS) | SKOBLIKOWA L.(URS) |
| 3000M | | SKOBLIKOWA L.(URS) |
| 5000 M | KOSSITSCHKIN W. (URS) | |
| 10.000 M | JOHANNESEN K. (NOR) | |
| **EISHOCKEY** | | |
| | USA | |
| **BIATHLON** | | |
| 20 KM | LESTANDER K. (SWE) | |

| DIE OLYMPIA-SIEGER | MÄNNER | FRAUEN |
|---|---|---|
| **SKISPRUNG** | | |
| SKISPRUNG | RECKNAGEL H. (GER) | |
| **LANGLAUF** | | |
| 10 KM | | GUSSAKOWA M. (URS) |
| 15 KM | BRUSVEEN H. (NOR) | |
| 30 KM | JERNBERG S. (SWE) | |
| 50 KM | HÄMÄLÄINEN K. (FIN) | |
| 4 x 10 KM | FINNLAND / MÄNTYRANTA E., ALATOLA T., HUHTALA V., HAKULINEN V., | |
| 3 x 5 KM | | SCHWEDEN / JOHANNSON J., RUTHSTRÖM S., STRANDBERG B. |
| **NORDISCHE KOMBINATION** | | |
| NORD. KOM. EINZEL | THOMA G. (GER) | |

| DIE ÖSTERREICHER – ALLE PLATZIERUNGEN | | |
|---|---|---|
| | MÄNNER | FRAUEN |
| **ALPIN** | | |
| ABFAHRT | 7. SCHRANZ K. | 3. HECHER T. |
| | 10. ZIMMERMANN E. | 8. NETZER E. |
| | 15. STIEGLER J. | 39. FRANDL J. |
| | 19. MOLTERER A. | DNF BEUTLHAUSER H. |
| SLALOM | 1. HINTERSEER E. | 5. HOFHERR H. |
| | 2. LEITNER H. | 16. FRANDL J. |
| | 5. STIEGLER J. | DSQ JAHN M. |
| | DSQ OBERAIGNER E. | DSQ HECHER T. |
| RIESENTORLAUF | 2. STIEGLER J. | 9. HOFHER H. |
| | 3. HINTERSEER E. | 21. FRANDL J. |
| | 7. SCHRANZ K. | 25. HECHER T. |
| | 12. MOLTERER A. | DSQ NETZER E. |
| **EISKUNSTLAUF** | | |
| EINZEL | 13. JONAS P. | 7. HEITZER R. |
| | DNF FELSINGER N. | 9. FROHNER K. |
| PAARLAUF | 8. DÖPFL H. / HINKO D. | |
| **EISSCHNELLLAUF** | | |
| 500 M | 29. OFFENBERGER F. | |
| | 40. STRUTZ H. | |
| 1500 M | 24. STRUTZ H. | |
| | DNF OFFENBERGER F. | |
| 5000 M | 18. STRUTZ H. | |
| | 29. OFFENBERGER F. | |
| 10.000 M | 19. STRUTZ H. | |
| **SKISPRUNG** | | |
| | 3. LEODOLTER O. | |
| | 14. PLANK A. | |
| | 16. STEINEGGER W. | |
| | 34. EGGER W. | |
| **NORDISCHE KOMBINATION** | | |
| EINZEL | 21. LEODOLTER O. | |

# IX. OLYMPISCHE WINTERSPIELE INNSBRUCK

## 29.1.–9. 2. 1964

| TEILNEHMER | | | | BEWERBE | |
|---|---|---|---|---|---|
| NATIONEN | GESAMT | MÄNNER | FRAUEN | SPORTARTEN | DISZIPLIN |
| 36 | 1091 | 891 | 200 | 6 | 34 |

| DIE ERFOLGREICHSTEN NATIONEN | | |
|---|---|---|
| 1. SOWJETUNION | 25 | 11 - 8 - 6 |
| 2. ÖSTERREICH | 12 | 4 - 5 - 3 |
| 3. NORWEGEN | 15 | 3 - 6 - 6 |

| DIE ERFOLGREICHSTEN SPORTLER | | |
|---|---|---|
| SKOBLIKOVA L. (URS) | 4 | 4 - 0 - 0 |
| BOJARSKICH K. (URS) | 3 | 3 - 0 - 0 |
| MÄNTYRANTA E. (FIN) | 3 | 2 - 1 - 0 |
| STIEGLER J. (AUT) | 2 | 1 - 0 - 1 |

| DIE OLYMPIA-SIEGER | MÄNNER | FRAUEN |
|---|---|---|
| **ALPIN** | | |
| ABFAHRT | ZIMMERMANN E. (AUT) | HAAS C. (AUT) |
| SLALOM | STIEGLER J. (AUT) | GOITSCHEL C. (FRA) |
| RIESENTORLAUF | BONLIEU F. (FRA) | GOITSCHEL M. (FRA) |
| **EISKUNSTLAUF** | | |
| EINZEL | SCHNELLDORFER M. (GER) | DIJKSTRA S. (HOL) |
| PAARLAUF | BELOUSSOWA L./ PROTOPOPPOW O.(URS) | |
| **EISSCHNELLAUF** | | |
| 500 M | MC DERMOTT R. (USA) | SKOBLIKOVA L. (URS) |
| 1000M | | SKOBLIKOVA L. (URS) |
| 1500 M | ANTSON A. (URS) | SKOBLIKOVA L. (URS) |
| 3000M | | SKOBLIKOWA L. (URS) |
| 5000 M | JOHANNESEN K. (NOR) | |
| 10.000 M | NILSSON J. (SWE) | |
| **RENNRODEL** | | |
| EINZEL | KÖHLER T. (GER) | ENDERLEIN O. (GER) |
| DOPPEL | FEISTMANTEL J., STENGL M. (AUT) | |
| **EISHOCKEY** | | |
| | SOWJETUNION | |

| DIE OLYMPIA-SIEGER | MÄNNER | FRAUEN |
|---|---|---|
| **SKISPRUNG** | | |
| NORMALSCHANZE | KANKKONEN E. (FIN) | |
| GROSSSCHANZE | ENGAN T. (NOR) | |
| **LANGLAUF** | | |
| 5 KM | | BOJARSKICH K. (URS) |
| 10 KM | | BOJARSKICH K. (URS) |
| 3 x 5 KM | | SOWJETUNION / KOLTSCHINA A., MEKSCHILO J., BOJARSKICH K. |
| 15 KM | MÄNTYRANTA E. (FIN) | |
| 30 KM | MÄNTYRANTA E. (FIN) | |
| 50 KM | JERNBERG S. (SWE) | |
| 4 x 10 KM | SCHWEDEN / ASPH K., JERNBERG S., RÖNNLUND A., STEFANSSON J. | |
| **NORDISCHE KOMBINATION** | | |
| EINZEL | KNUTSON T. (NOR) | |
| **BIATHLON** | | |
| 20 KM | MELANIN W. (URS) | |
| **BOB** | | |
| ZWEIER | GROSSBRITANNIEN I / NASH A., DIXON T. | |
| VIERER | KANADA II / EMERY V., ANAKIN D., KIRBY P., DR. EMERY J. | |

**DIE ÖSTERREICHER – ALLE PLATZIERUNGEN**

| | MÄNNER | FRAUEN |
|---|---|---|
| **ALPIN** | | |
| ABFAHRT | 1. ZIMMERMANN E. | 1. HAAS C. |
| | 7. NENNING G. | 2. ZIMMERMANN E. |
| | 10. MESSNER H. | 3. HECHER T. |
| | 11. SCHRANZ K. | 22. KAINZ E. |
| SLALOM | 1. STIEGLER J. | 5. ZIMMERMANN E. |
| | 7. NENNING G. | 6. HAAS C. |
| | 21. LEITNER M. | DNF JAHN M. |
| | 24. SCHRANZ K. | DNF HECHER T. |
| RIESENTORLAUF | 2. SCHRANZ K. | 4. HAAS C. |
| | 3. STIEGLER J. | 6. ZIMMERMANN E. |
| | 6. NENNING G. | 8.HECHER T. |
| | DNF ZIMMERMANN E. | 13. JAHN M. |
| **EISKUNSTLAUF** | | |
| EINZEL | 5. DANZER E. | 2. HEITZER R. |
| | 7. JONAS P. | 9. SENGSTSCHMIED H. |
| | 15. SCHWARZ W. | 20. OSTLER I. |
| PAARE | 12. BIETAK W. / SCHÖNBAUER G. | |
| | 15. DEDOVICH F. / STRELL I. | |
| **EISSCHNELLLAUF** | | |
| 500 M | 35. ZOJER M. | |
| | 36. TOYFL P. | |
| 1500 M | 33. STRUTZ H. | |
| | 48. TOYFL P. | |
| | 51. REISINGER J. | |
| | DNF KORBEL E. | |
| 5000 M | 5. STRUTZ H. | |
| | 37. SEEBÖCK R. | |
| | 42. STRUTZ G. | |
| 10.000 M | 11. STRUTZ H. | |
| **RENNRODEL** | | |
| EINZEL | 5. FEISTMANTEL J. | 3. THURNER H. |
| | 8. TIEFENBACHER F. | 7. MATEJKA F. |
| | 9. SCHMID M. | DNF LANTHALER A. |
| | 21. SENN R. | |
| DOPPEL | 1. FEISTMANTEL J., STENGL M. | |
| | 2. THALER H. / SENN R. | |
| **EISHOCKEY** | | |
| | 13. ÖSTERREICH / BACHURA, KAKL, KALT, KIRCHBERGER, KNOLL, MÖSSMER, NEUWIRTH, PÜLS, PUSCHNIG, ROMAUCH, SPIELMANN, ST. JOHN, TISCHER, TUREK, WINKLER, ZNEHNALIK, WECHSELBERGER | |

**DIE ÖSTERREICHER – ALLE PLATZIERUNGEN**

| | MÄNNER | FRAUEN |
|---|---|---|
| **SKISPRUNG** | | |
| NORMALSCHANZE | 11. LICHTENEGGER J. | |
| | 13. PREIML B. | |
| | 28. LEODOLTER O. | |
| | 44. EGGER W. | |
| GROSSSCHANZE | 12. EGGER W. | |
| | 17. LEODOLTER O. | |
| | 18. PREIML B. | |
| | 43. LICHTENEGGER J. | |
| **LANGLAUF** | | |
| 5 KM | | 20. LUDWIG H. |
| 10 KM | | 25. LUDWIG H. |
| 15 KM | 48. LACKNER H. | |
| | 52. SCHROTT H. | |
| | 53. KOGLER A. | |
| | 59. RIEGER G. | |
| 30 KM | 31. JANC A. | |
| | 36. FARBMACHER H. | |
| | 56. MAYR H. | |
| | DNF VETTER F. | |
| 50 KM | 21. JANC A. | |
| | 33. MAYR H. | |
| 4 x 10 KM | 11. ÖSTERREICH / FARBMACHER H., JANC A., KOGLER A., RIEGER G. | |
| **NORDISCHE KOMBINATION** | | |
| EINZEL | 10. KÖSTINGER W. | |
| | 19. HEIGENHAUSER W. | |
| | 28. KOHL L. | |
| | 29. SCHERÜBL F. | |
| **BIATHLON** | | |
| 20 KM | 28. FARBMACHER H. | |
| | 34. MÜLLER W. | |
| | 41. SCHERWITZL A. | |
| | DNF ERNST M. | |
| **BOB** | | |
| ZWEIER | 8. ÖSTERREICH I / THALER E., NAIRZ J. | |
| | 9. ÖSTERREICH II / ISSER H., DURNTHALER R. | |
| VIERER | 2. ÖSTERREICH I / THALER E., KOXEDER A., NAIRZ J., DURNTHALER R. | |
| | 7. ÖSTERREICH II / ASTE P., ARNOLD A., STOLL H., GRUBER H. | |

# X. OLYMPISCHE WINTERSPIELE GRENOBLE
## 6.–18. 2. 1968

| TEILNEHMER | | | | BEWERBE | |
|---|---|---|---|---|---|
| NATIONEN | GESAMT | MÄNNER | FRAUEN | SPORTARTEN | DISZIPLIN |
| 37 | 1158 | 947 | 211 | 6 | 35 |

| DIE ERFOLGREICHSTEN NATIONEN | | |
|---|---|---|
| 1. NORWEGEN | 14 | 6 - 6 - 2 |
| 2. SOWJETUNION | 13 | 5 - 5 - 3 |
| 3. FRANKREICH | 9 | 4 - 3 - 2 |
| 5. ÖSTERREICH | 11 | 3 - 4 - 4 |

| DIE ERFOLGREICHSTEN SPORTLER | | |
|---|---|---|
| KILLY J.-C. (FRAN) | 3 | 3 - 0 - 0 |
| GUSTAFSSON T. (SWE) | 3 | 2 - 1 - 0 |
| MONTI E. (ITA) | 2 | 2 - 0 - 0 |
| SCHMID M. (AUT) | 2 | 1 - 1 - 0 |

| | DIE OLYMPIA-SIEGER | |
|---|---|---|
| | MÄNNER | FRAUEN |
| **ALPIN** | | |
| ABFAHRT | KILLY J.-C. (FRA) | PALL O. (AUT) |
| SLALOM | KILLY J.-C. (FRA) | GOITSCHEL M. (FRA) |
| RIESENTORLAUF | KILLY J.-C. (FRA) | GREENE N. (CAN) |
| **EISKUNSTLAUF** | | |
| EINZEL | SCHWARZ W. (AUT) | FLEMING P. (USA) |
| PAARLAUF | BELOUSSOWA L. / PROTOPOPOW O. (URS) | |
| **EISSCHNELLLAUF** | | |
| 500 M | KELLER E. (BRD) | TITOWA L. (URS) |
| 1000 M | | GEJSSEN C. (NED) |
| 1500 M | VERKERK C. (NED) | MUSTONEN K. (FIN) |
| 3000 M | | SCHUT J. (NED) |
| 5000 M | MAIER F. (NOR) | |
| 10.000 M | HÖGLIN J. (SWE) | |
| **RENNRODEL** | | |
| EINZEL | SCHMID M. (AUT) | LECHNER E. (ITA) |
| DOPPEL | BONSACK K./KÖHLER T. (DDR) | |
| **EISHOCKEY** | | |
| | SOWJETUNION | |
| **BOB** | | |
| ZWEIER | ITALIEN I / MONTI E., DE PAOLIS L. | |
| VIERER | ITALIEN I / MONTI E., ZANDONELLA R., ARMANO M., DE PAOLIS L. | |

| | DIE OLYMPIA-SIEGER | |
|---|---|---|
| | MÄNNER | FRAUEN |
| **SKISPRUNG** | | |
| NORMALSCHANZE | RASKA J. (TCH) | |
| GROSSSCHANZE | BELOUSSOW W. (URS) | |
| **LANGLAUF** | | |
| 5 KM | | GUSTAFSSON T. (SWE) |
| 10 KM | | GUSTAFSSON T. (SWE) |
| 15 KM | GRONNINGEN H. (NOR) | |
| 30 KM | NONES F. (ITA) | |
| 50 KM | ELLEFSAETER O. (NOR) | |
| 4 x 10 KM | NORWEGEN / MARTINSEN O., ELLEFSAETER O., GRONNINGEN H., TYDLUM P. | |
| 3 x 5 KM | | NORWEGEN / AUFLES J. DAMON-ENGER B., MODRE B. |
| **NORDISCHE KOMBINATION** | | |
| EINZEL | KELLER F. (BRD) | |
| **BIATHLON** | | |
| 20 KM | SOLBERG M. (NOR) | |
| 4 x 7,5 KM | SOWJETUNION / TICHONOW A., PUSANOW N., MAMATOW W., GUNDARZEW W. | |

| DIE ÖSTERREICHER - ALLE PLATZIERUNGEN | MÄNNER | FRAUEN |
|---|---|---|
| **ALPIN** | | |
| ABFAHRT | 4. MESSNER H. | 1. PALL O. |
| | 5. SCHRANZ K. | 3. HAAS C. |
| | 9. NENNING G. | 4. SEIWALD B. |
| | 13. ZIMMERMANN E. | 12. GABL G. |
| SLALOM | 2. HUBER H. | 8. RAUTER B. |
| | 3. MATT A. | 9. PALL O. |
| | 14. MESSNER H. | 24. SEIWALD B. |
| | DSQ SCHRANZ K. | DNF GABL G. |
| RIESENTORLAUF | 3. MESSNER H. | 5. PALL O. |
| | 6. SCHRANZ K. | 9. GABL G. |
| | 8. NENNING G. | 11. SEIWALD B. |
| | DSQ BLEINER W. | 27. PALL L. |
| **EISKUNSTLAUF** | | |
| EINZEL | 1. SCHWARZ W. | 5. SCHUBA T. |
| | 4. DANZER E. | 18. MIKULA E. |
| | 23. ANDERL G. | 23. NESTLER E. |
| PAARE | 15. BIETAK W. / SCHNEIDER E. | |
| **EISSCHNELLLAUF** | | |
| 500 M | 26. BRAUNECKER O. | |
| 1500 M | 39. BRAUNECKER O. | |
| | 40. STRUTZ H. | |
| | 44. KORBEL E. | |
| 5000 M | 16. STRUTZ H. | |
| | 37. KORBEL E. | |
| 10.000 M | 17. STRUTZ H. | |
| **RENNRODEL** | | |
| EINZEL | 1. SCHMID M. | 9. THURNER H. |
| | 5. FEISTMANTEL J. | 10. KORTHALS M. |
| | 14. THALER H. | 15. WÄGER E. |
| | DSQ KRETAUER P. | |
| DOPPEL | 2. SCHMID M., WALCH E. | |
| | 7. FEISTMANTEL J., BICHL W. | |
| **EISHOCKEY** | | |
| | 13. ÖSTERREICH / BURGHART, ERHART, HAUSNER, KIRCHBAUMER, KALT, KNOFLACH, KÖNIG, MÖSSMER, PREGL, PUSCHNIG, SAMONIG, SCHAGER, SCHILCHER, SCHWITZER, SCHUPP, WEINGARTNER, ST. JOHN, FELFERNIG | |

| DIE ÖSTERREICHER - ALLE PLATZIERUNGEN | MÄNNER | FRAUEN |
|---|---|---|
| **SKISPRUNG** | | |
| NORMALSCHANZE | 2. BACHLER R. | |
| | 3. PREIML B. | |
| | 29. LICHTENEGGER J. | |
| | 36. GOLSER M. | |
| GROSSSCHANZE | 6. BACHLER R. | |
| | 22. GOLSER M. | |
| | 28. LICHTENEGGER J. | |
| | 48. PREIML B. | |
| **LANGLAUF** | | |
| 15 KM | 31. JANC A. | |
| | 42. WALLNER H. | |
| | 47. PÜHRINGER E. | |
| | 51. SAILER W. | |
| 30 KM | 38. PÜHRINGER E. | |
| | 40. VETTER F. | |
| | 50. FARBMACHER H. | |
| 50 KM | 13. JANC A. | |
| | 34. VETTER F. | |
| 4 x 10 KM | 13. ÖSTERREICH / JANC A., PÜHRINGER E., VETTER F., WALLNER H. | |
| **NORDISCHE KOMBINATION** | | |
| EINZEL | 32. ÖHLBÖCK U. | |
| | 34. HEIGENHAUSER W. | |
| | 35. VOGGENBERGER H. | |
| **BIATHLON** | | |
| 20 KM | 40. ERNST P. | |
| | 47. SCHNEIDER H. | |
| | 50. SCHERWITZL A. | |
| | 56. VETTER F. | |
| 4 x 7,5 KM | 11. ÖSTERREICH / SCHERWITZL A., ERNST P., SCHNEIDER H., VETTER F. | |
| **BOB** | | |
| ZWEIER | 4. ÖSTERREICH I / THALER E., DURNTHALER R. | |
| | 8. ÖSTERREICH II / DINKHAUSER F., KALTENBERGER M. | |
| VIERER | 2. ÖSTERREICH I / THALER E., DURNTHALER R., GRUBER H., EDER J. | |
| | 13. ÖSTERREICH II / DINKHAUSER R., HOFER M., PICHLER K., RITZL H. | |

# XI. OLYMPISCHE WINTERSPIELE SAPPORO
## 3.–13. 2. 1972

| TEILNEHMER | | | | BEWERBE | |
|---|---|---|---|---|---|
| NATIONEN | GESAMT | MÄNNER | FRAUEN | SPORTARTEN | DISZIPLIN |
| 35 | 1006 | 800 | 206 | 6 | 35 |

| DIE ERFOLGREICHSTEN NATIONEN | | |
|---|---|---|
| 1. SOWJETUNION | 16 | 8 - 5 - 3 |
| 2. DDR | 14 | 4 - 3 - 7 |
| 3. SCHWEIZ | 10 | 4 - 3 - 3 |
| 9. ÖSTERREICH | 5 | 1 - 2 - 2 |

| DIE ERFOLGREICHSTEN SPORTLER | | |
|---|---|---|
| KULAKOWA G. (URS) | 3 | 3 - 0 - 0 |
| SCHENK A. (NED) | 3 | 3 - 0 - 0 |
| WEDENIN W. (URS) | 3 | 2 - 0 - 1 |
| PRÖLL A. (AUT) | 2 | 0 - 2 - 0 |

| DIE OLYMPIA-SIEGER | MÄNNER | FRAUEN |
|---|---|---|
| **ALPIN** | | |
| ABFAHRT | RUSSI B. (SUI) | NADIG M.-T. (SUI) |
| SLALOM | FERN.-OCHOA F. (ESP) | COCHRAN B. (USA) |
| RIESENTORLAUF | THÖNI G. (ITA) | NADIG M.-T. (SUI) |
| **EISKUNSTLAUF** | | |
| EINZEL | NEPELA O. (TCH) | SCHUBA T. (AUT) |
| PAARLAUF | RODNINA I. / ULANOW A. (URS) | |
| **EISSCHNELLLAUF** | | |
| 500 M | KELLER E. (BRD) | HENNING A. (USA) |
| 1000 M | SCHENK A. (NED) | PFLUG M. (BRD) |
| 1500 M | | HOLUM D. (USA) |
| 3000 M | | BAAS-KAISER C.(NED) |
| 5000 M | SCHENK A. (NED) | |
| 10.000 M | SCHENK A. (NED) | |
| **RENNRODEL** | | |
| EINZEL | SCHEIDEL W. (DDR) | MÜLLER A. (DDR) |
| DOPPEL | HÖRNLEIN H., BREDOW R. (DDR) | |
| **EISHOCKEY** | | |
| | SOWJETUNION | |

| DIE OLYMPIA-SIEGER | MÄNNER | FRAUEN |
|---|---|---|
| **BOB** | | |
| ZWEIER | BRD II / ZIMMERER W., UTZSCHNEIDER | |
| VIERER | SCHWEIZ I / WICKI J., LEUTENEGGER A., CARMICHEL W., HUBACHER E. | |
| **SKISPRUNG** | | |
| NORMALSCHANZE | KASAYA Y. (JAP) | |
| GROSSSCHANZE | FORTUNA W. (POL) | |
| **LANGLAUF** | | |
| 5 KM | | KULAKOWA G. (URS) |
| 10 KM | | KULAKOWA G. (URS) |
| 15 KM | LUNDBÄCK S. (SWE) | |
| 30 KM | WEDENIN W. (URS) | |
| 50 KM | TYLDUM P. (NOR) | |
| 4 x 10 KM | SOWJETUNION / WORONKOW W., SKOBOW J., SIMASCHOW F., WEDENIN W. | |
| 3 x 5 KM | | SOWJETUNION / MUCHATSCHOWA L., OLJUNINA A., KULAKOWA G. |
| **NORDISCHE KOMBINATION** | | |
| EINZEL | WEHLING U. (DDR) | |
| **BIATHLON** | | |
| 20 KM | SOLBERG M. (NOR) | |
| 4 x 7,5 KM | SOWJETUNION / TICHONOW A., SAFIN R., BJAKOW I., MAMATOW W. | |

| DIE ÖSTERREICHER - ALLE PLATZIERUNGEN | MÄNNER | FRAUEN |
|---|---|---|
| **ALPIN** | | |
| ABFAHRT | 3. MESSNER H. | 2. PRÖLL A. |
| | 7. CORDIN K. | 9. RAUTER B. |
| | 9. LOIDL J. | 15. TOTSCHNIG B. |
| | 31. TRITSCHER R. | 30. KASERER M. |
| SLALOM | 7. ZWILLING D. | 5. PRÖLL A. |
| | 14. MATT A. | 7. KASERER M. |
| | DSQ TRITSCHER R. | DNF GABL G. |
| | DNF LOIDL J. | DNF DREXEL W. |
| RIESENTORLAUF | 7. ZWILLING D. | 2. PRÖLL A. |
| | 8. TRITSCHER R. | 3. DREXEL W. |
| | 12. LOIDL J. | 13. KASERER M. |
| | 18. BLEINER W. | DNF GABL G. |
| **EISKUNSTLAUF** | | |
| EINZEL | 15. ANDERL G. | 1. SCHUBA T. |
| | | 17. BALUN S. |
| **EISSCHNELLLAUF** | | |
| 500 M | 23. BRAUNECKER O. | |
| 1500 M | 31. BRAUNECKER O. | |
| **RENNRODEL** | | |
| EINZEL | 7. SCHMID M. | 11. SCHAFFERER A. |
| | 10. FEISTMANTEL J. | 14. MAYR A. |
| | 16. SCHMID R. | 16. GRAF M. |
| | 23. SCHACHNER F. | |
| DOPPEL | 7. SCHMID M., WALCH E. | |
| | 9. SCHMID R., SCHACHNER F. | |

| DIE ÖSTERREICHER - ALLE PLATZIERUNGEN | MÄNNER | FRAUEN |
|---|---|---|
| **SKISPRUNG** | | |
| NORMALSCHANZE | 26. WANNER R. | |
| | 29. BACHLER R. | |
| | 36. GOLSER M. | |
| GROSSSCHANZE | 24. BACHLER R. | |
| | 43. GOLSER M. | |
| | 46. WANNER R. | |
| **LANGLAUF** | | |
| 15 KM | 38. WALLNER H. | |
| | 42. WACHTER H. | |
| | DNF HAUSER J. | |
| 30 KM | 33. WACHTER H. | |
| | 48. WALLNER H. | |
| | DNF HAUSER J. | |
| 4 x 10 KM | DNF ÖSTERREICH / HAUSER J., ÖHLBÖCK U., WACHTER H., WALLNER H. | |
| **NORDISCHE KOMBINATION** | | |
| EINZEL | 37. ÖHLBÖCK U. | |
| **BOB** | | |
| ZWEIER | 8. ÖSTERREICH I / GRUBER, OBERHAUSER | |
| | 13. ÖSTERREICH II / DELLE-KARTH W., SPERLING F. | |
| VIERER | 6. ÖSTERREICH I / GRUBER H., OBERHAUSER J., CHWALLA U., EDER J. | |
| | 7. ÖSTERREICH II / DELLE-KARTH WA, DELLE-KARTH WE., MOSER W., SPERLING F. | |

# XII. OLYMPISCHE WINTERSPIELE INNSBRUCK
## 4.–15. 2. 1976

| TEILNEHMER | | | | BEWERBE | |
|---|---|---|---|---|---|
| NATIONEN | GESAMT | MÄNNER | FRAUEN | SPORTARTEN | DISZIPLIN |
| 37 | 1123 | 892 | 231 | 6 | 37 |

| DIE ERFOLGREICHSTEN NATIONEN | | |
|---|---|---|
| 1. SOWJETUNION | 27 | 13 - 6 - 8 |
| 2. DDR | 19 | 7 - 5 - 7 |
| 3. USA | 10 | 3 - 3 - 4 |
| 7. ÖSTERREICH | 6 | 2 - 2 - 2 |

| DIE ERFOLGREICHSTEN SPORTLER | | |
|---|---|---|
| MITTERMAIER R. (BRD) | 3 | 2 - 1 - 0 |
| SMETANINA R. (URS) | 3 | 2 - 1 - 0 |
| AWERINA T. (URS) | 4 | 2 - 0 - 2 |
| SCHNABL K. (AUT) | 2 | 1 - 0 - 1 |

| | DIE OLYMPIA-SIEGER MÄNNER | FRAUEN |
|---|---|---|
| **ALPIN** | | |
| ABFAHRT | KLAMMER F. (AUT) | MITTERMAIER R. (GER) |
| SLALOM | GROS P. (ITA) | MITTERMAIER R. (GER) |
| RIESENTORLAUF | HEMMI H. (SUI) | KREINER K. (CAN) |
| **EISKUNSTLAUF** | | |
| EINZEL | CURRY J. (GBR) | HAMILL D. (USA) |
| PAARLAUF | RODNINA I. / SAIZEW A. (URS) | |
| EISTANZ | PACHOMOWA L. / GORSCHKOW A.(URS) | |
| **EISSCHNELLLAUF** | | |
| 500 M | KULIKOW J. (URS) | YOUNG S. (USA) |
| 1000 M | MÜLLER P. (USA) | AWERINA T. (URS) |
| 1500 M | STORHOLT J. (NOR) | STEPANSKAJA G. (URS) |
| 3000 M | | AWERINA T. (URS) |
| 5000 M | STENSEN S. (NOR) | |
| 10.000 M | KLEINE P. (NED) | |
| **RENNRODEL** | | |
| EINZEL | GÜNTHER D. (DDR) | SCHUMANN M. (DDR) |
| DOPPEL | RINN H., HAHN N. (DDR) | |
| **EISHOCKEY** | | |
| | SOWJETUNION | |

| | DIE OLYMPIA-SIEGER MÄNNER | FRAUEN |
|---|---|---|
| **BOB** | | |
| ZWEIER | DDR II / NEHMER M., GERMESHAUSEN B. | |
| VIERER | DDR I / NEHMER M., BABOCK J., LEHMANN B., GERMESHAUSEN B. | |
| **SKISPRUNG** | | |
| NORMALSCHANZE | ASCHENBACH H. (DDR) | |
| GROSSSCHANZE | SCHNABL K. (AUT) | |
| **LANGLAUF** | | |
| 5 KM | | TAKALO A. (FIN) |
| 10 KM | | SMETANINA R. (URS) |
| 4 x 5 KM | | SOWJETUNION / BALDYTSCHEWA N., AMOSSOWA S., KULAKOWA N., SMETANINA R. |
| 15 KM | BASHUKOW N. (URS) | |
| 30 KM | SAWELJEW S. (URS) | |
| 50 KM | FORMO I. (NOR) | |
| 4 x 10 KM | FINNLAND / PITKÄNEN M., TEURAJÄRVI P., MIETO J., KOIVISTO A. | |
| **NORDISCHE KOMBINATION** | | |
| EINZEL | WEHLING U. (DDR) | |
| **BIATHLON** | | |
| 20 KM | KRUGLOW N. (URS) | |
| 4 x 7,5 KM | SOWJETUNION / JELISAROW A., BJAKOW J., KRUGLOW N., TICHONOW A. | |

| DIE ÖSTERREICHER – ALLE PLATZIERUNGEN | MÄNNER | FRAUEN |
|---|---|---|
| **ALPIN** | | |
| ABFAHRT | 1. KLAMMER F. | 2. TOTSCHNIG B. |
| | 9. WALCHER J. | 4. SPIESS N. |
| | 19. EBERHARD K. | 9. KASERER M. |
| | DNF STEINER A. | 12. LUKASSER I. |
| SLALOM | 7. MORGENSTERN A. | DNF SACKL R. |
| | 22. STEINER A. | DNF KASERER M. |
| | DNF HINTERSEER H. | DNF SPIESS N. |
| | | DNF TOTSCHNIG B. |
| RIESENTORLAUF | 14. HINTERSEER H. | 6. KASERER M. |
| | DNF KLAMMER F. | 16. TOTSCHNIG B. |
| | DNF HAUSER T. | 19. SACKL R. |
| | DNF MORGENSTERN A. | 29. LUKASSER I. |
| **EISKUNSTLAUF** | | |
| EINZEL | DNF KOPPELENT R. | 16. KRISTOFICS-BINDER C. |
| PAARLAUF | 10. NEMEC M. / NEMEC U. | |
| EISTANZ | DNF HANDSCHMANN P. / HANDSCHMANN S. | |
| **EISSCHNELLLAUF** | | |
| 500 M | 26. SCHABUS B. | |
| 500 M | 27. STEINBERGER K. | |
| 1000 M | 25. SCHABUS B. | |
| 1500 M | 26. KRONFUSS L. | |
| | 29. SCHABUS B. | |
| 5000 M | 27. KRONFUSS L. | |
| | 29. GUNDOLF H. | |
| 10.000 M | 20. GUNDOLF H. | |
| **RENNRODEL** | | |
| EINZEL | 5. SCHMID M. | 5. MAYR A. |
| | 7. SULZBACHER R. | 6. GRAF M. |
| | 9. SCHMID R. | 8. SCHAFFERER A. |
| DOPPEL | 3. SCHMID R. / SCHACHNER F. | |
| | 5. SCHMID M. / SULZBACHER R. | |
| **BIATHLON** | | |
| BIATHLON 20 KM | 21. EDER A. | |
| | 37. WEBER F. | |
| | 49. FARBMACHER K. | |
| BIATHLON 4 x 7,5 KM | 15. ÖSTERREICH / EDER A., FARBMACHER K., HONES J., WEBER F. | |
| **EISHOCKEY** | | |
| | 8. ÖSTERREICH / EBERHARD, GRITSCH, HAUSNER SCHULLER, HERZOG, KÖNIG, KRIECHBAUM, SCHWITZER, MÖRTL, MOSER, OBERHUBER, VOVES, ZINI, PÖK, PUSCHNIG, RUSS, SCHNEIDER, SADJINA, SCHILCHER, | |

| DIE ÖSTERREICHER – ALLE PLATZIERUNGEN | MÄNNER | FRAUEN |
|---|---|---|
| **SKISPRUNG** | | |
| NORMALSCHANZE | 3. SCHNABL K. | |
| | 6. BACHLER R. | |
| | 7. INNAUER A. | |
| | 7. WANNER R. | |
| GROSSSCHANZE | 1. SCHNABL K. | |
| | 2. INNAUER A. | |
| | 5. BACHLER R. | |
| | 6. WALLNER H. | |
| **LANGLAUF** | | |
| 5 KM | | 38. STÖCKL B. |
| | | 41. GASTEIGER G. |
| | | 42. SCHWEIGER S. |
| 10 KM | | 40. STÖCKL B. |
| | | 41. SCHWEIGER S. |
| | | 44. GASTEIGER G. |
| 15 KM | 19. WACHTER H. | |
| | 42. HORN R. | |
| | 43. VOGEL W. | |
| | 48. VOGEL J. | |
| 30 KM | 32. WACHTER H. | |
| | 39. FEICHTER R. | |
| | 51. VOGEL W. | |
| | 58. GATTERMANN F. | |
| 50 KM | 24. WACHTER H. | |
| | 26. VOGEL W. | |
| | 35. FEICHTER R. | |
| | 43. WALLNER H. | |
| 4 x 10 KM | 8. ÖSTERREICH / FEICHTER R., HORN R., VOGEL W., WACHTER H. | |
| **NORDISCHE KOMBINATION** | | |
| NORD. KOM. EINZEL | 26. KOCH F. | |
| **BOB** | | |
| ZWEIER | 4. ÖSTERREICH II / SPERLING F., SCHWAB A. | |
| | 6. ÖSTERREICH I / DELLE-KARTH W., KÖFEL F. | |
| VIERER | 6. ÖSTERREICH II / DELLE-KARTH W., KÖFEL F., SCHWAB A., BREG O. | |
| | 7. ÖSTERREICH I / SPERLING F., OBERHÖLLER K., ZAUNSCHIRM G., GEHMACHER D. | |

# XIII. OLYMPISCHE WINTERSPIELE LAKE PLACID
## 13.–24. 2. 1980

| TEILNEHMER | | | | BEWERBE | |
|---|---|---|---|---|---|
| NATIONEN | GESAMT | MÄNNER | FRAUEN | SPORTARTEN | DISZIPLIN |
| 37 | 1072 | 839 | 233 | 6 | 38 |

| DIE ERFOLGREICHSTEN NATIONEN | | |
|---|---|---|
| 1. SOWJETUNION | 22 | 10 - 6 - 6 |
| 2. DDR | 23 | 9 - 7 - 7 |
| 3. USA | 12 | 6 - 4 - 2 |
| 4. ÖSTERREICH | 7 | 3 - 2 - 2 |

| DIE ERFOLGREICHSTEN SPORTLER | | |
|---|---|---|
| HEIDEN E. (USA) | 5 | 5 - 0 - 0 |
| SIMJATOW N. (URS) | 3 | 3 - 0 - 0 |
| WENZEL H. (LIE) | 3 | 2 - 1 - 0 |
| MOSER-PRÖLL, INNAUER, STOCK (AUT) | 1 | 1 - 0 - 0 |

| DIE OLYMPIA-SIEGER | MÄNNER | FRAUEN |
|---|---|---|
| **ALPIN** | | |
| ABFAHRT | STOCK L. (AUT) | MOSER-PRÖLL A.(AUT) |
| SLALOM | STENMARK I. (SWE) | WENZEL H. (LIE) |
| RIESENTORLAUF | STENMARK I. (SWE) | WENZEL H. (LIE) |
| **EISKUNSTLAUF** | | |
| EINZEL | COUSINS R. (GBR) | PÖTSCH A. (DDR) |
| PAARLAUF | RODNINA I. / SAIZEW A.(URS) | |
| EISTANZ | LINITSCHUK N. / KARPONOSSOW G.(URS) | |
| **EISSCHNELLLAUF** | | |
| 500 M | HEIDEN E. (USA) | ENKE K. (DDR) |
| 1000 M | HEIDEN E. (USA) | PETRUSSEWA N. (URS) |
| 1500 M | HEIDEN E. (USA) | BORCKING A. (NED) |
| 3000 M | | JENSEN B. (NOR) |
| 5000 M | HEIDEN E. (USA) | |
| 10.000 M | HEIDEN E. (USA) | |
| **RENNRODEL** | | |
| EINZEL | GLASS B. (DDR) | ZOZULA V. (URS) |
| DOPPEL | RINN H. / HAHN N. (DDR) | |
| **EISHOCKEY** | | |
| | USA | |

| DIE OLYMPIA-SIEGER | MÄNNER | FRAUEN |
|---|---|---|
| **BOB** | | |
| ZWEIER | SCHWEIZ II / SCHÄRER E., BENZ J. | |
| VIERER | DDR I / NEHMER M., GERMESHAUSEN B., MUSIOL B., GERHARDT H. | |
| **SKISPRUNG** | | |
| NORMALSCHANZE | INNAUER A. (AUT) | |
| GROSSSCHANZE | TÖRMÄNEN J. (FIN) | |
| **LANGLAUF** | | |
| 5 KM | | SMETANINA R. (URS) |
| 10 KM | | PETZOLD B. (DDR) |
| 4 x 5 KM | | DDR / ROSTOCK M., ANDING C., HESSE V., PETZOLD B. |
| 15 KM | WASSBERG T. (SWE) | |
| 30 KM | SIMJATOW N. (URS) | |
| 50 KM | SIMJATOW N. (URS) | |
| 4 x 10 KM | SOWJETUNION / ROTSCHEW W., BASHUKOW N., BELJAJEW J., SIMJATOW N. | |
| **NORDISCHE KOMBINATION** | | |
| EINZEL | WEHLING U. (DDR) | |
| **BIATHLON** | | |
| 10 KM | ULLRICH F. (DDR) | |
| 20 KM | ALJABJEW A. (URS) | |
| 4x7,5 KM | SOWJETUINION / ALIKIN W., BARNASCHOW W., TICHONOW A., ALJABJEW A. | |

| DIE ÖSTERREICHER - ALLE PLATZIERUNGEN | MÄNNER | FRAUEN |
|---|---|---|
| **ALPIN** | | |
| ABFAHRT | 1. STOCK L. | 1. MOSER-PRÖLL A. |
| | 2. WIRNSBERGER P. | 6. EBERLE I. |
| | 7. GRISSMANN W. | 22. PRÖLL C. |
| | 9. WEIRATHER H. | |
| SLALOM | 4. ENN H. | 13. EBERLE I. |
| | 7. STEINER A. | DNF SACKL R. |
| | 18. STOCK L. | DNF MOSER-PRÖLL A. |
| | DSQ ORLAINSKY C. | DNF SÖLKNER L. |
| RIESENTORLAUF | 3. ENN H. | 6. MOSER-PRÖLL A. |
| | 13. ORLAINSKY C. | 14. EBERLE I. |
| | 18. STEINER A. | DNF SACKL R. |
| | 26. STOCK L. | DNF SÖLKNER L. |
| **EISKUNSTLAUF** | | |
| EINZEL | | 7. KRISTOFICS-BINDER C. |
| EISTANZ | 11. HANDSCHMANN S. / HANDSCHMANN P. | |
| **RENNRODEL** | | |
| EINZEL | 5. SANDBICHLER G. | 7. SCHAFFERER A. |
| | 6. WILHELMER F. | 10. BRUNNER C. |
| | 9. GRAF A. | 14. GÖLLNER A. |
| DOPPEL | 3. FLUCKINGER G. / SCHROTT K. | |
| | 9. LEMMERER G. / SULZBACHER R. | |

| DIE ÖSTERREICHER - ALLE PLATZIERUNGEN | MÄNNER | FRAUEN |
|---|---|---|
| **SKISPRUNG** | | |
| NORMALSCHANZE | 1. INNAUER A. | |
| | 6. NEUPER H. | |
| | 7. GROYER A. | |
| | 12. KOGLER A. | |
| GROSSSCHANZE | 2. NEUPER H. | |
| | 4. INNAUER A. | |
| | 5. KOGLER A. | |
| | 25. MILLONIG J. | |
| **BIATHLON** | | |
| 10 KM | 11. WEBER F. | |
| | 23. EDER A. | |
| | 28. HORN R. | |
| 20 KM | 17. DOCKNER S. | |
| | 24. EDER A. | |
| | 26. HORN R. | |
| 4 x 7,5 KM | 6. ÖSTERREICH / EDER A., HORN R., KOLL J., WEBER F. | |
| **BOB** | | |
| ZWEIER | 7. ÖSTERREICH II / SPERLING F., OBERHÖLLER K. | |
| | 9. ÖSTERREICH I / PAULWEBER G., ZAUNSCHIRM G. | |
| VIERER | 4. ÖSTERREICH I / SPERLING F., BERGMÜLLER H., REDNAK F., PURKRABEK B | |
| | 5. ÖSTERREICH II / DELLE-KARTH W., PAULWEBER F., ZAUNSCHIRM G., OBERHÖLLER K. | |

# XIV. OLYMPISCHE WINTERSPIELE SARAJEVO
## 8.–19. 2. 1984

| TEILNEHMER | | | | BEWERBE | |
|---|---|---|---|---|---|
| NATIONEN | GESAMT | MÄNNER | FRAUEN | SPORTARTEN | DISZIPLIN |
| 49 | 1272 | 998 | 274 | 6 | 39 |

| DIE ERFOLGREICHSTEN NATIONEN | | |
|---|---|---|
| 1. DDR | 24 | 9 - 9 - 6 |
| 2. SOWJETUNION | 25 | 6 - 10 - 9 |
| 3. USA | 8 | 4 - 4 - 0 |
| 17. ÖSTERREICH | 1 | 0 - 0 - 1 |

| DIE ERFOLGREICHSTEN SPORTLER | | |
|---|---|---|
| HÄMÄLÄINEN M. (FIN) | 4 | 3 - 0 - 1 |
| ENKE K. (DDR) | 4 | 2 - 2 - 0 |
| SVAN G. (SWE) | 4 | 2 - 1 - 1 |
| STEINER A. (AUT) | 1 | 0 - 0 - 1 |

| DIE OLYMPIA-SIEGER | MÄNNER | FRAUEN |
|---|---|---|
| **ALPIN** | | |
| ABFAHRT | JOHNSON B. (USA) | FIGINI M. (SUI) |
| SLALOM | MAHRE P. (USA) | MAGONI P. (ITA) |
| RIESENTORLAUF | JULEN M. (SUI) | ARMSTRONG D. (USA) |
| **EISKUNSTLAUF** | | |
| EINZEL | HAMILTON S. (USA) | WITT K. (DDR) |
| PAARLAUF | WALOWA J. / WASSILJEW O. (URS) | |
| EISTANZ | TORVILL J. / DEANE C. (GBR) | |
| **EISSCHNELLLAUF** | | |
| 500 M | FOKITSCHEW S. (URS) | ROTHENBURGER C. (DDR) |
| 1000 M | BOUCHER G. (CAN) | ENKE K. (DDR) |
| 1500 M | BOUCHER G. (CAN) | ENKE K. (DDR) |
| 3000 M | | SCHÖNE A. (DDR) |
| 5000 M | GUSTAFSON S. (SWE) | |
| 10.000 M | MALKOW I. (URS) | |
| **RENNRODEL** | | |
| EINZEL | HILDGARTNER P. (ITA) | MARTIN S. (DDR) |
| DOPPEL | STANGASSINGER H., WEMBACHER F. (BRD) | |
| **BOB** | | |
| ZWEIER | DDR II / HOPPE W., SCHAUERHAMMER D. | |
| VIERER | DDR II / HOPPE W., WETZIG R., SCHAUERHAMMER D., KIRCHNER A. | |

| DIE OLYMPIA-SIEGER | MÄNNER | FRAUEN |
|---|---|---|
| **EISHOCKEY** | | |
| | SOWJETUNION | |
| **SKISPRUNG** | | |
| NORMALSCHANZE | WEISSFLOG J. (DDR) | |
| GROSSSCHANZE | NYKÄNEN M. (FIN) | |
| **LANGLAUF** | | |
| 5 KM | | HÄMÄLÄINEN M. (FIN) |
| 10 KM | | HÄMÄLÄINEN M (FIN) |
| 20 KM | | HÄMÄLÄINEN M. (FIN) |
| 4 x 5 KM | | NORWEGEN / NYBRATEN J., JAHREN A., PETTERSEN B., AUNLI B. |
| 15 KM | SVAN G. (SWE) | |
| 30 KM | SIMJATOW N. (URS) | |
| 50 KM | WASSBERG T. (SWE) | |
| 4 x 10 KM | SCHWEDEN / WASSBERG T., KOHLBERG B., OTTOSSON J., SVAN G. | |
| **NORDISCHE KOMBINATION** | | |
| EINZEL | SANDBERG T. (NOR) | |
| **BIATHLON** | | |
| 10 KM | KVALFOSS E. (NOR) | |
| 20 KM | ANGERER P. (BRD) | |
| 4 x 7,5 KM | SOWJETUNION / WASSILJEW D., SHALNA A., KASCHKAROW J., BULYGIN S. | |

| DIE ÖSTERREICHER - ALLE PLATZIERUNGEN | MÄNNER | FRAUEN |
|---|---|---|
| **ALPIN** | | |
| ABFAHRT | 3. STEINER A. | 8. SÖLKNER L. |
| | 5. HÖFLEHNER H. | 9. KIRCHLER E. |
| | 10. KLAMMER F. | 10. WALLINGER V. |
| | 11. RESCH E. | 13. EDER S. |
| SLALOM | DSQ GRUBER F. | 4. STEINER R. |
| | DSQ STEINER A. | 8. KRONBICHLER A. |
| | DNF ENN H. | DNF SÖLKNER L. |
| | DNF STROLZ H. | DNF WALLINGER V. |
| RIESENTORL. | 4. GRUBER F. | 14. KRONBICHLER A. |
| | 6. STROLZ H. | 27. STEINER R. |
| | DNF ENN H. | 34. EDER S. |
| | DNF STEINER A. | DNF KIRCHLER E. |
| **EISSCHNELLLAUF** | | |
| 500 M | 32. HADSCHIEFF M. | |
| 1000 M | 22. HADSCHIEFF M. | |
| | 33. EMINGER C. | |
| 1500 M | 15. JÄGER W. | |
| | 20. HADSCHIEFF M. | |
| | 28. EMINGER C. | |
| 5000 M | 8. JÄGER W. | |
| | 13. HADSCHIEFF M. | |
| | 20. STEINBERGER K. | |
| 10.000 M | 5. HADSCHIEFF M. | |
| | 12. JÄGER W. | |
| | 19. STEINBERGER K. | |
| **RENNRODEL** | | |
| EINZEL | 8. PROCK M. | 7. GÖLLNER A. |
| | 10. SANDBICHLER G. | |
| | 15. FLUCKINGER G. | |
| DOPPEL | 4. FLUCKINGER G., WILHELM F. | |
| | 5. LECHLEITNER F., LEMMERER G. | |
| **EISHOCKEY** | | |
| | 9. ÖSTERREICH / CIJAN, CUNNINGHAM, DORN, FRITZ, GANSTER, GREENBANK, HARAND, HUTZ, KÖNIG, KOREN, LEBLER, MION, PETRIK, PLATZER, PÖK, RAFFL, RUDMANN, SEKULIC, SIVEC, STANKIEWICZ | |

| DIE ÖSTERREICHER - ALLE PLATZIERUNGEN | MÄNNER | FRAUEN |
|---|---|---|
| **SKISPRUNG** | | |
| NORMALSCHANZE | 6. FELDER A. | |
| | 24. WALLNER H. | |
| | 36. VETTORI E. | |
| | 52. KOGLER A. | |
| GROSSSCHANZE | 6. KOGLER A. | |
| | 24. WALLNER H. | |
| | 28. FELDER A. | |
| | 41. STEINER M. | |
| **LANGLAUF** | | |
| 15 KM | 25. STADLOBER A. | |
| | 53. GUMPOLD A. | |
| 30 KM | 31. GATTERMANN F. | |
| | 35. JURIC P. | |
| 50 KM | 24. STADLOBER A. | |
| | 29. GATTERMANN F. | |
| | 33. JURIC P. | |
| 4 x 10 KM | 11. ÖSTERREICH / GATTERMANN F., GUMPOLD A., JURIC P., STADLOBER A. | |
| **NORDISCHE KOMBINATION** | | |
| EINZEL | 9. SULZENBACHER K. | |
| **BIATHLON** | | |
| 10 KM | 22. EDER A. | |
| | 36. HORN R. | |
| | 39. HÖRL W. | |
| 20 KM | 30. SCHULER F. | |
| | 34. EDER A. | |
| | 36. HORN R. | |
| 4 x 7,5 KM | 8. ÖSTERREICH / EDER A., HÖRL W., HORN R., SCHULER F. | |
| **BOB** | | |
| ZWEIER | 12. ÖSTERREICH I / DELLE-KARTH W., LINDNER H. | |
| | 13. ÖSTERREICH II / KIENAST P., MARK C. | |
| VIERER | 10. ÖSTERREICH I / DELLE-KARTH W., LINDNER H., GRÖSSING F., KRISPEL G. | |
| | 11. ÖSTERREICH II / KIENAST P., MARK C., REDL G., SIEGL F. | |

# XV. OLYMPISCHE WINTERSPIELE CALGARY
## 13.–28. 2. 1988

| TEILNEHMER | | | | BEWERBE | |
|---|---|---|---|---|---|
| NATIONEN | GESAMT | MÄNNER | FRAUEN | SPORTARTEN | DISZIPLIN |
| 57 | 1423 | 1108 | 315 | 6 | 46 |

| DIE ERFOLGREICHSTEN NATIONEN | | |
|---|---|---|
| 1. SOWJETUNION | 29 | 11 - 9 - 9 |
| 2. DDR | 25 | 9 - 10 - 6 |
| 3. SCHWEIZ | 15 | 5 - 5 - 5 |
| 6. ÖSTERREICH | 10 | 3 - 5 - 2 |

| DIE ERFOLGREICHSTEN SPORTLER | | |
|---|---|---|
| NYKÄNEN M. (FIN) | 3 | 3 - 0 - 0 |
| VAN GENNIP Y. (NED) | 3 | 3 - 0 - 0 |
| RÖTSCH F. (DDR) | 3 | 2 - 1 - 0 |
| WOLF S., STROLZ H., WACHTER A. (AUT) | 1 | 1 - 0 - 0 |

| DIE OLYMPIA-SIEGER | MÄNNER | FRAUEN |
|---|---|---|
| **ALPIN** | | |
| ABFAHRT | ZURBRIGGEN P. (SUI) | KIEHL M. (BRD) |
| SUPER-G | PICCARD F. (FRA) | WOLF S. (AUT) |
| SLALOM | TOMBA A. (ITA) | SCHNEIDER V. (SUI) |
| RIESENTORLAUF | TOMBA A. (ITA) | SCHNEIDER V. (SUI) |
| KOMBINATION | STROLZ H. (AUT) | WACHTER A. (AUT) |
| **EISKUNSTLAUF** | | |
| EINZEL | BOITANO B. (USA) | WITT K. (DDR) |
| PAARLAUF | GORDEJEWA J./ GRINKOW S.(URS) | |
| EISTANZ | BESTEMJANOWA N./ BUKIN A. (URS) | |
| **EISSCHNELLLAUF** | | |
| 500 M | MEY U. (DDR) | BLAIR B. (USA) |
| 1000 M | GULJAJEW N.(URS) | ROTHENBURGER C.(DDR) |
| 1500 M | HOFFMANN A. (DDR) | VAN GENNIP Y. (NED) |
| 3000 M | | VAN GENNIP Y. (NED) |
| 5000 M | GUSTAFSON S. (SWE) | VAN GENNIP Y. (NED) |
| 10.000 M | GUSTAFSON S. (SWE) | |
| **BOB** | | |
| ZWEIER | SOWJETUNION I / KIPURS J., KOSLOW W. | |
| VIERER | SCHWEIZ I / FASSER E., MEIER K., FÄSSLER M., STOCKER W. | |
| **RENNRODEL** | | |
| EINZEL | MÜLLER J. (DDR) | WALTER S. (DDR) |
| DOPPEL | HOFFMANN J., PIETSCH J. (DDR) | |

| DIE OLYMPIA-SIEGER | MÄNNER | FRAUEN |
|---|---|---|
| **EISHOCKEY** | | |
| | SOWJETUNION | |
| **SKISPRUNG** | | |
| NORMALSCHANZE | NYKÄNEN M (FIN) | |
| GROSSSCHANZE | NYKÄNEN M. (FIN) | |
| TEAM | FINNLAND / NIKKOLA A., NYKÄNEN M., YLIPULLI T., PUIKKONEN J. | |
| **LANGLAUF** | | |
| 5 KM K | | MATIKAINEN M. (FIN) |
| 10 KM K | | VENCIENE V. (URS) |
| 20 KM F | | TICHONOWA T. (URS) |
| 4 x 5 KM | | SOWJETUNION / NAGEJKINA S., GAWRILJUK N., TICHONOWA T., RESZOWA A. |
| 15 KM K | DEWJATJAROW M. (URS) | |
| 30 KM K | PROKUROROW A. (URS) | |
| 50 KM F | SVAN G. (SWE) | |
| 4 x 10 KM | SCHWEDEN / OTTOSSON J., MOGREN N., WASSBERG T., SWAN G. | |
| **NORDISCHE KOMBINATION** | | |
| EINZEL | KEMPF H. (SUI) | |
| TEAM | DEUTSCHLAND / POHL H., SCHWARZ H., MÜLLER T. | |
| **BIATHLON** | | |
| 10 KM | RÖTSCH F. (DDR) | |
| 20 KM | RÖTSCH F. (DDR) | |
| 4 x 7,5 KM | SOWJETUNION / WASSILJEW D., TSCHEPIKOW S., POPOW A., MEDWEDZEW W. | |

| DIE ÖSTERREICHER – ALLE PLATZIERUNGEN | MÄNNER | FRAUEN |
|---|---|---|
| **ALPIN** | | |
| ABFAHRT | 4. STOCK L. | 6. KRONBERGER P. |
| | 5. PFAFFENBICHLER G. | 8. KIRCHLER E. |
| | 7. STEINER A. | DNF WACHTER A. |
| | 19. MADER G. | DNF WOLF S. |
| SUPER-G | 2. MAYER H. | 1. WOLF S. |
| | 4. STROLZ H. | 5. WACHTER A. |
| | 5. MADER G. | 15. KIRCHLER E. |
| | 8. STOCK L. | 25. EDER S. |
| SLALOM | 4. GSTREIN B. | 4. STEINER R. |
| | DNF MADER G. | 6. LADSTÄTTER I. |
| | DNF NIERLICH R. | 10. MAIER U. |
| | DNF STANGASSINGER T. | DNF WACHTER A. |
| RIESENTORLAUF | 2. STROLZ H. | 6. MAIER U. |
| | 5. NIERLICH R. | 7. WACHTER A. |
| | 7. MAYER H. | 14. KRONBERGER P. |
| | 11. MADER G. | DNF WOLF S. |
| KOMBINATION | 1. STROLZ H. | 1. WACHTER A. |
| | 2. GSTREIN B. | 11. KRONBERGER P. |
| | 13. STANGASSINGER T. | 12. EDER S. |
| | DNF MADER G. | DNF MAIER U. |
| **EISKUNSTLAUF** | | |
| EISTANZ | 5. BECK K. / BECK C. | |
| **EISSCHNELLLAUF** | | |
| 500 M | 26. HADSCHIEFF M. | 19. HUNYADY E. |
| | 34. EMINGER C. | |
| 1000 M | 6. HADSCHIEFF M. | 16. HUNYADY E. |
| 1500 M | 3. HADSCHIEFF M. | |
| 3000 M | | 14. HUNYADY E. |
| 5000 M | 5. HADSCHIEFF M. | |
| | 20. EMINGER C. | |
| 10.000 M | 2. HADSCHIEFF M. | |
| | 19. EMINGER C. | |
| **RENNRODEL** | | |
| EINZEL | 9. MAYREGGER O. | 12. TAGWERKER A. |
| | 11. PROCK M. | |
| | DSQ SANDBICHLER G. | |
| DOPPEL | 5. FLUCKINGER G ., MANZENREITER R. | |
| | 12. LECHLEITNER F., SANDBICHLER G. | |
| **BOB** | | |
| ZWEIER | 5. ÖSTERREICH I / APPELT I., WINKLER H. | |
| | 8. ÖSTERREICH II / KIENAST P., MARK C. | |
| VIERER | 6. ÖSTERREICH II / KIENAST P., MARK C., SIEGL F., TEIGL K. | |
| | 7. ÖSTERREICH I / APPELT I., MUIGG J., REDL G., WINKLER H. | |
| **EISHOCKEY** | | |
| | 9. ÖSTERREICH / CIJAN, DORN, GREENBANK, HARAND, HUTZ, KERTH, KOMPAJN, KÖNIG, KOREN, LEBLER, MACK, MÜHR, PLATZER, PÖK, PUSCHNIK, RAFFL, SADLER, SALAT, SHEA, SULZER, STANKIEWICZ, SZYBISTI, ZNEHNALIK P. | |

| DIE ÖSTERREICHER – ALLE PLATZIERUNGEN | MÄNNER | FRAUEN |
|---|---|---|
| **SKISPRUNG** | | |
| NORMALSCHANZE | 6. KUTTIN H. | |
| | 12. FELDER A. | |
| | 20. STRANNER G. | |
| | 24. VETTORI E. | |
| GROSSSCHNAZE | 6. FELDER A. | |
| | 12. KUTTIN H. | |
| | 20. STRANNER G. | |
| | 28. VETTORI E. | |
| TEAM | 5. ÖSTERREICH / FELDER A., KUTTIN H., STRANNER G., VETTORI G. | |
| **LANGLAUF** | | |
| 5 KM K | | 20. SULZER C. |
| | | 34. THEURL M. |
| | | 36. KOBER M |
| | | 45. EMBACHER H. |
| 10 KM K | | 26. SULZER C. |
| | | 34. KOBER M. |
| | | 42. EMBACHER H. |
| | | DNF THEURL M. |
| 20 KM F | | 37. SULZER C. |
| | | 50. EMBACHER H. |
| | | DNF KOBER M. |
| 15 KM | 31. SCHWARZ A. | |
| | 32. BLATTER A. | |
| | 36. STADLOBER A. | |
| | 42. STANDMANN J. | |
| 30 KM | 18. SCHWARZ A. | |
| | 33. STADLOBER A. | |
| | 44. STANDMANN J. | |
| | DNF GANDLER M. | |
| 50 KM | 19. BLATTER A. | |
| | 36. STANDMANN J. | |
| | 41. SCHWARZ A. | |
| | DNF STADLOBER A. | |
| 4 x 10 KM | 10. ÖSTERREICH / BLATTER A., STADLOBER A., SCHWARZ A., STANDMANN J. | |
| **NORDISCHE KOMBINATION** | | |
| EINZEL | 2. SULZENBACHER K. | |
| | 22. OFNER K. | |
| | 24. ASCHENWALD H. | |
| | 34. CSAR G. | |
| TEAM | 3. ÖSTERREICH / ASCHENWALD H., CSAR G., SULZENBACHER K. | |
| **BIATHLON** | | |
| 10 KM | 17. SCHULER F. | |
| | 23. HOFSTÄTTER B. | |
| | 37. LEITNER E. | |
| | 40. EDER A. | |
| 20 KM | 24. HOFSTÄTTER B. | |
| | 26. EDER A. | |
| | 27. LEITNER E. | |
| | 36. SCHULER F. | |
| 4 x 7,5 KM | 4. ÖSTERREICH / EDER A., HOFSTÄTTER B., LENGAUER A., SCHULER F. | |

# XVI. OLYMPISCHE WINTERSPIELE ALBERTVILLE
## 8.–23. 2. 1992

| TEILNEHMER | | | | BEWERBE | |
|---|---|---|---|---|---|
| NATIONEN | GESAMT | MÄNNER | FRAUEN | SPORTARTEN | DISZIPLINEN |
| 64 | 1801 | 1313 | 488 | 6 | 57 |

| DIE ERFOLGREICHSTEN NATIONEN | | |
|---|---|---|
| 1. DEUTSCHLAND | 26 | 10 - 10 - 6 |
| 2. EUN | 23 | 9 - 6 - 8 |
| 3. NORWEGEN | 20 | 9 - 6 - 5 |
| 4. ÖSTERREICH | 21 | 6 - 7 - 8 |

| DIE ERFOLGREICHSTEN SPORTLER | | |
|---|---|---|
| JEGOROWA L. (EUN) | 5 | 3 - 2 - 0 |
| DAEHLIE B. (NOR) | 4 | 3 - 1 - 0 |
| ULVANG V. (NOR) | 4 | 3 - 1 - 0 |
| KRONBERGER P. (AUT) | 2 | 2 - 0 - 0 |

| | DIE OLYMPIA-SIEGER | |
|---|---|---|
| | MÄNNER | FRAUEN |
| **ALPIN** | | |
| ABFAHRT | ORTLIEB P. (AUT) | LEE-GARTNER K. (CAN) |
| SUPER-G | AAMODT K. (NOR) | COMPAGNONI D. (ITA) |
| SLALOM | JAGGE F. (NOR) | KRONBERGER P. (AUT) |
| RIESENTORLAUF | TOMBA A. (ITA) | WIBERG P. (SWE) |
| KOMBINATION | POLIG J. (ITA) | KRONBERGER P. (AUT) |
| FREESTYLE/BUCKELPISTE | GROSPIRON E.(FRA) | WEINBRECHT D. (USA) |
| **EISKUNSTLAUF** | | |
| EINZEL | PETRENKO W. (EUN) | YAMAGUCHI K. (USA) |
| PAARLAUF | MISCHKUTJONOK N. / DMITRIJEW A. (EUN) | |
| EISTANZ | KLIMOWA M. / PONOMARENKO S. (EUN) | |
| **EISSCHNELLLAUF** | | |
| 500 M | MEY U. (GER) | BLAIR B. (USA) |
| 1000M | ZINKE O. (GER) | BLAIR B. (USA) |
| 1500 M | KOSS J. (NOR) | BÖRNER J. (GER) |
| 3000 M | | NIEMANN G. (GER) |
| 5000 M | KARLSTAD G. (NOR) | NIEMANN G. (GER) |
| 10000 M | VELDKAMP B. (NED) | |
| **SHORTTRACK** | | |
| 500 M | | TURNER C. (USA) |
| 1000 M | KIM K. (KOR) | |
| 3000 STAFFEL | | KANADA |
| 5000 STAFFEL | KOREA | |
| **RENNRODEL** | | |
| EINZEL | HACKL G. (GER) | NEUNER D. (AUT) |
| DOPPEL | KRAUSSE S., BERENDT J. (GER) | |
| **BOB** | | |
| ZWEIER | SCHWEIZ I / WEDER G., ACKLIN D. | |
| VIERER | ÖSTERREICH I / APPELT I., WINKLER H., HAIDACHER G., SCHROLL T. | |

| | DIE OLYMPIA-SIEGER | |
|---|---|---|
| | MÄNNER | FRAUEN |
| **EISHOCKEY** | | |
| | EUN | |
| **SKISPRUNG** | | |
| | MÄNNER | |
| NORMALSCHANZE | VETTORI E. (AUT) | |
| GROSSSCHANZE | NIEMINEN T. (FIN) | |
| TEAM | FINNLAND / NIKKOLA V., LAITINEN M., LAAKKONEN R., NIEMINEN T. | |
| **LANGLAUF** | | |
| 5 KM K | | LUKKARINEN A. (FIN) |
| JAGD | | JEGOROWA L. (EUN) |
| 15 KM K | | JEGOROWA L. (EUN) |
| 30 KM F | | BELMONDO S. (ITA) |
| 4 x 5 KM | | EUN / VÄLBE J., SMETANINA R., LASUTINA L., JEGOROWA L. |
| 10 KM K | ULVANG V. (NOR) | |
| JAGD | DAEHLIE B. (NOR) | |
| 30 KM K | ULVANG V. (NOR) | |
| 50 KM F | DAEHLIE B. (NOR) | |
| 4 x 10 KM | NORWEGEN / LANGLI T., ULVANG V., SKJELDAL K., DAEHLIE B. | |
| **NORDISCHE KOMBINATION** | | |
| EINZEL | GUY F. (FRA) | |
| TEAM | JAPAN / MIKATA R., KONO T., OGIWARA K. | |
| **BIATHLON** | | |
| 10 KM | KIRCHNER M. (GER) | |
| 20 KM | REDKIN J. (EUN) | |
| 4 x 7,5 KM | DEUTSCHLAND / GROSS R., STEININGEN J., KIRCHNER M., FISCHER S. | |
| 7,5 KM | | RESZOWA A. (EUN) |
| 15 KM | | MISERSKY A. (GER) |
| 3 x 7,5 KM | | FRANKREICH / NIOGRET C., CLAUDEL V., BRIAND A. |

| DIE ÖSTERREICHER – ALLE PLATZIERUNGEN | MÄNNER | FRAUEN |
|---|---|---|
| **ALPIN** | | |
| ABFAHRT | 1. ORTLIEB P. | 3. WALLINGER V. |
| | 3. MADER G. | 5. KRONBERGER P. |
| | 17. HÖFLEHNER H. | 7. SADLEDER B. |
| | DNF STOCK L. | |
| SUPER-G | 7. MADER G. | 4. KRONBERGER P. |
| | 15. SALZGEBER R. | 5. MAIER U. |
| | 18. ORTLIEB P. | 9. WACHTER A. |
| | 24. STROLZ H. | 15. SADLEDER B. |
| SLALOM | 3. TRITSCHER M. | 1. KRONBERGER P. |
| | 9. STANGASSINGER T. | 5. BUDER K. |
| | 13. STROLZ H. | DNF MAIERHOFER M. |
| | 15. GSTREIN B. | DNF STROBL C. |
| RIESENTORLAUF | 6. MADER G. | 2. WACHTER A. |
| | 7, SALZGEBER R. | 4. MAIER U. |
| | 9. STROLZ H. | 9. EDER S. |
| | 12. MAYER H. | DNF KRONBERGER P. |
| KOMBINATION | DNF MADER G. | 1. KRONBERGER P. |
| | DNF EBERHARTER S. | 2. WACHTER A. |
| | DSQ STROLZ H. | DNF GINTHER S. |
| | DNF SALZGEBER R. | DNF MAIER U. |
| **EISKUNSTLAUF** | | |
| EINZEL | 18. BURGHART R. | |
| **EISSCHNELLLAUF** | | |
| 500 M | 40. BRUNNER R. | |
| 1000 M | 22. BRUNNER R. | 10. HUNYADY E. |
| | 24. HADSCHIEFF M. | |
| 1500 M | 14. HADSCHIEFF M. | 7. HUNYADY E. |
| | 24. BRUNNER R. | |
| 3000 M | | 3. HUNYADY E. |
| 5000 M | 10 HADSCHIEFF M. | 15. HUNYADY E. |
| 10.000 M | 6. HADSCHIEFF M. | |
| **RENNRODEL** | | |
| EINZEL | 2. PROCK M. | 1. NEUNER D. |
| | 3. SCHMIDT M. | 2. NEUNER A. |
| | 6. MANZENREITER R. | 7. TAGWERKER A. |
| DOPPEL | 7. GLEIRSCHER G., SCHMIDT M. | |
| **BOB** | | |
| ZWEIER | 4. ÖSTERREICH I / APPELT I., SCHROLL T. | |
| | 8. ÖSTERREICH II / RAINER G., BACHLER T. | |
| VIERER | 1. ÖSTERREICH I / APPELT I., HAIDACHER G., SCHROLL T., WINKLER H. | |
| | 10. ÖSTERREICh II / RAINER G., BACHLER T., NENTWIG C., SCHÜTZENAUER M. | |

| DIE ÖSTERREICHER – ALLE PLATZIERUNGEN | MÄNNER | FRAUEN |
|---|---|---|
| **SKISPRUNG** | | |
| NORMALSCHANZE | 1. VETTORI E. | |
| | 2. HÖLLWARTH M. | |
| | 4. KUTTIN H. | |
| | 6. FELDER A. | |
| GROSSSCHANZE | 2. HÖLLWARTH M. | |
| | 3. KUTTIN H. | |
| | 9. FELDER A. | |
| | 15. VETTORI E. | |
| TEAM | 2. ÖSTERREICH / FELDER, HÖLLWARTH, KUTTIN, VETTORI | |
| **LANGLAUF** | | |
| 10 KM K | 8. STADLOBER A. | |
| | 19. MARENT A. | |
| | 34. GANDLER M. | |
| | 35. RINGHOFER A. | |
| JAGD | 10. STADLOBER A. | |
| | 24. RINGHOFER A. | |
| | 27. MARENT A. | |
| | 28. GANDLER M. | |
| 30 KM K | 19. STADLOBER A. | |
| | 22. MARENT A. | |
| | 29. SCHWARZ A. | |
| | 39. STANDMANN M. | |
| 50 KM F | 41. GANDLER M. | |
| | 42. RINGHOFER A. | |
| | 52. STANDMANN M. | |
| | DNF MARENT A. | |
| 4 x 10 KM | 9. ÖSTERREICH / MARENT A., RINGHOFER A., SCHWARZ A., STADLOBER A. | |
| **NORDISCHE KOMBINATION** | | |
| EINZEL | 3. SULZENBACHER K. | |
| | 5. OFNER K. | |
| | 17. KREINER S. | |
| | 32. CSAR G. | |
| TEAM | 3. ÖSTERREICH / KREINER S., OFNER K., SULZENBACHER K. | |
| **BIATHLON** | | |
| 10 KM | 11. GREDLER L. | |
| | 19. LEITNER E. | |
| | 21. SCHULER F. | |
| | 53. EDER A. | |
| 20 KM | 30. EDER A. | |
| | 41. HOFSTÄTTER B. | |
| | 45. LEITNER E. | |
| | 49. SCHULER F. | |
| 4 x 7,5 KM | 12. ÖSTERREICH / GREDLER L., HOFSTÄTTER B., LEITNER E., SCHULER F. | |

# XVII. OLYMPISCHE WINTERSPIELE LILLEHAMMER
## 12.–27. 2. 1994

| TEILNEHMER | | | | BEWERBE | |
|---|---|---|---|---|---|
| NATIONEN | GESAMT | MÄNNER | FRAUEN | SPORTARTEN | DISZIPLIN |
| 67 | 1739 | 1217 | 522 | 6 | 61 |

| DIE ERFOLGREICHSTEN NATIONEN | | |
|---|---|---|
| 1. RUSSLAND | 23 | 11 - 8 - 4 |
| 2. NORWEGEN | 26 | 10 - 11 - 5 |
| 3. DEUTSCHLAND | 24 | 9 - 7 - 8 |
| 9. ÖSTERREICH | 9 | 2 - 3 - 4 |

| DIE ERFOLGREICHSTEN SPORTLER | | |
|---|---|---|
| JEGOROWA L. (EUN) | 4 | 3 - 1 - 0 |
| KOSS O. (NOR) | 3 | 3 - 0 - 0 |
| DI CENTA M. (ITA) | 5 | 2 - 2 - 1 |
| HUNYADY E. (AUT) | 2 | 1 - 1 - 0 |

| DIE OLYMPIA-SIEGER | MÄNNER | FRAUEN |
|---|---|---|
| **ALPIN** | | |
| ABFAHRT | MOE T. (USA) | SEIZINGER K. (GER) |
| SUPER-G | WASMEIER M. (GER) | ROFFE D. (USA) |
| SLALOM | STANGASSINGER T. (AUT) | SCHNEIDER V. (SUI) |
| RIESENTORLAUF | WASMEIER M. (GER) | COMPAGNONI D. (ITA) |
| KOMBINATION | KJUS L. (NOR) | WIBERG P. (SWE) |
| FREESTYLE/BUCKELPISTE | BRASSARD J. (CAN) | HATTESTAD S. (NOR) |
| SPRINGEN | SCHÖNBÄCHLER A. (SUI) | TSCHERJASOWA L. (RUS) |
| **EISKUNSTLAUF** | | |
| EINZEL | URMANOW A. (RUS) | BAJUL O. (UKR) |
| PAARLAUF | GORDEJEWA J. / GRINKOW S. (RUS) | |
| EISTANZ | GRISCHTSCHUK O. / PLATOW J. (RUS) | |
| **EISSCHNELLLAUF** | | |
| 500 M | GOLUBJOW A. (RUS) | BLAIR B. (USA) |
| 1000 M | JANSEN D. (USA) | BLAIR B. (USA) |
| 1500 M | KOSS O. (NOR) | HUNYADY E. (AUT) |
| 3000 M | | BASHANOWA S. (RUS) |
| 5000 M | KOSS O. (NOR) | PECHSTEIN C. (GER) |
| 10.000 M | KOSS O. (NOR) | |
| **SHORTTRACK** | | |
| 500 M | CHAE J. (KOR) | TURNER C. (CAN) |
| 1000 M | KIM K. (KOR) | CHUN L. (KOR) |
| 3000 STAFFEL | | KOREA |
| 5000 STAFFEL | ITALIEN | |
| **RENNRODEL** | | |
| EINZEL | HACKL G. (GER) | WEISSENSTEINER G.(ITA) |
| DOPPEL | BRUGGER K., HUBER W. (ITA) | |
| **BOB** | | |
| ZWEIER | SCHWEIZ I / WEDER G., ACKLIN D. | |
| VIERER | DEUTSCHLAND II / CZUDAJ H., BRANNASCH K., HAMPEL D., SZELIG A. | |
| **EISHOCKEY** | | |
| | SCHWEDEN | |

| DIE OLYMPIA-SIEGER | MÄNNER | FRAUEN |
|---|---|---|
| **SKISPRUNG** | | |
| NORMALSCHANZE | BREDESEN E. (NOR) | |
| GROSSSCHNAZE | WEISSFLOG J. (GER) | |
| TEAM | DEUTSCHLAND / JÄKLE H., DUFFNER C., THOMA D., WEISSFLOG J. | |
| **LANGLAUF** | | |
| 5 KM K | | JEGOROWA L. (RUS) |
| VERFOLG. | | JEGOROWA L. (RUS) |
| 15 KM F | | DI CENTA M. (ITA) |
| 30 KM K | | DI CENTA M. (ITA) |
| 4 x 5 KM | | RUSSLAND / VÄLBE J., LASUTINA L., GAWRILJUK N., JEGOROWA L. |
| 10 KM K | DAEHLIE B. (NOR) | |
| JAGD | DAEHLIE B. (NOR) | |
| 30 KM F | ALSGAARD T. (NOR) | |
| 50 KM K | SMIRNOW W. (KAZ) | |
| 4x 10 KM | ITALIEN / DE ZOLT M., ALBARELLO M., VANZETTA G., FAUNER S. | |
| **NORDISCHE KOMBINATION** | | |
| EINZEL | LUNDBERG F. (NOR) | |
| TEAM | JAPAN / KONO T., ABE M., OGIWARA K., | |
| **BIATHLON** | | |
| 10 KM | TSCHEPIKOW S. (RUS) | |
| 20 KM | TARASSOW S. (RUS) | |
| 4 x 7,5 KM | DEUTSCHLAND / GROSS R., LUCK F., KIRCHNER M., FISCHER S. | |
| 7,5 KM | | BEDARD M. (KAN) |
| | | BEDARD M. (KAN) |
| 4 x 7,5 KM | | RUSSLAND / TALANOWA N., SNYGINA N., NOSKOWA L., RESZOWA A. |

## DIE ÖSTERREICHER – ALLE PLATZIERUNGEN

| ALPIN | MÄNNER | FRAUEN |
|---|---|---|
| ABFAHRT | 4. ORTLIEB P. | 14. WALLINGER V. |
| | 6. TRINKL H. | 31. HAAS A. |
| | 15. ASSINGER A. | DNF GÖTSCHL R. |
| | 19. MADER G. | DNF STÖCKL I. |
| SUPER-G | 9. MADER G. | 9. WACHTER A. |
| | 11. ASSINGER A. | 15. EDER S. |
| | 20. KNAUSS H. | 22. WALLINGER V. |
| | DNF TRINKL H. | 30. SCHUSTER S. |
| SLALOM | 1. STANGASSINGER T. | 2. EDER E. |
| | DNF MADER G. | 12. MAIERHOFER M. |
| | DNF SYKORA T. | DNF WACHTER A. |
| | DNF GSTREIN B. | |
| RIESENTORLAUF | 3. MAYER C. | 4. WACHTER A. |
| | 5. SALZGEBER R. | 14. EDER S. |
| | 8. GSTREIN B. | DNF MEISSNITZER A. |
| | 11. MADER G. | |
| KOMBINATION | 4. MADER G. | DNF STÖCKL I. |
| | DNF KNAUSS H. | DNF HAAS A. |
| | DNF MAYER C. | |
| FREESTYLE/SPRINGEN | 14. RIJAVEC C. | |

| EISSCHNELLLAUF | MÄNNER | FRAUEN |
|---|---|---|
| 500 M | 22. BRUNNER R. | 27. ANTAL E. |
| 1000 M | 12. BRUNNER R. | 7. HUNYADY E. |
| | | 22. ANTAL E. |
| 1500 M | 17. HADSCHIEFF M. | 1. HUNYADY E. |
| | 22. BRUNNER R. | 19. ANTAL E. |
| 3000 M | | 2. HUNYADY E. |
| | | 13. ANTAL E. |
| 5000 M | 9. HADSCHIEFF M. | 12. HUNYADY E. |
| | 10. EMINGER C. | 15. ANTAL E. |
| 10.000 M | 9. HADSCHIEFF M. | |
| | 10. EMINGER C. | |

| RENNRODEL | MÄNNER | FRAUEN |
|---|---|---|
| EINZEL | 2. PROCK M. | 3. TAGWERKER A. |
| | 7. GLEIRSCHER G. | 4. NEUNER A. |
| | 10. SCHMIDT M. | 10. NEUNER D. |
| DOPPEL | 10. SCHIEGL T. / SCHIEGL M. | |

| BOB | MÄNNER | FRAUEN |
|---|---|---|
| ZWEIER | 5. ÖSTERREICH I / SCHÖSSER H., SCHROLL T., | |
| | 17. ÖSTERREICH II / EINBERGER K., SCHÜTZENAUER M. | |
| VIERER | 4. ÖSTERREICH II / SCHÖSSER H., WINKLER H., HAIDACHER G., REDL G. | |
| | 6. ÖSTERREICH II / EINBERGER K., BACHLER T., NENTWIG C., SCHÜTZENAUER M. | |

## DIE ÖSTERREICHER – ALLE PLATZIERUNGEN

| SKISPRUNG | MÄNNER | FRAUEN |
|---|---|---|
| | MÄNNER | |
| NORMALSCHANZE | 7. GOLDBERGER A. | |
| | 10. MOSER C. | |
| | 12. HORNGACHER S. | |
| | 25. KUTTIN H. | |
| GROSSSCHANZE | 3. GOLDBERGER A. | |
| | 12. KUTTIN H. | |
| | 19. HORNGACHER S. | |
| | 26. MOSER C. | |
| TEAM | 3. ÖSTERREICH / GOLDBERGER A., MOSER C., KUTTIN H., HORNGACHER S. | |

| LANGLAUF | MÄNNER | FRAUEN |
|---|---|---|
| 10 KM K | 10. STADLOBER A. | |
| JAGD | 11. STADLOBER A. | |
| 50 KM K | 15. STADLOBER A. | |

| NORDISCHE KOMBINATION | MÄNNER | FRAUEN |
|---|---|---|
| EINZEL | 27. STECHER M. | |
| | 37. GOTTWALD F. | |
| | 40. RIEDELSPERGER G. | |
| | 41. STADELMANN R. | |
| TEAM | 9. ÖSTERREICH / GOTTWALD F., STECHER M., RIEDELSPERGER G. | |

| BIATHLON | MÄNNER | FRAUEN |
|---|---|---|
| 10 KM | 5. GREDLER L. | |
| | 22. PERNER W. | |
| | 30. SCHULER F. | |
| | 43. PFURTSCHNELLER M. | |
| 20 KM | 10. EDER A. | |
| | 18. GREDLER L. | |
| | 48. SCHULER F. | |
| | 57. PFURTSCHNELLER M. | |
| 4 x 7,5 KM | 9. ÖSTERREICH / GREDLER L., SCHULLER F., PERNER W. PFURTSCHNELLER M. | |

| EISHOCKEY | MÄNNER | FRAUEN |
|---|---|---|
| | 12. ÖSTERREICH / BURTON, DALLMANN, DALPIAZ, DOYLE, GÜNTHNER, HEINZLE, HOHENBERGER, KALT, KERTH, KRAINZ, KROMP, LANZINGER, STRONG, LINDER, MÜHR, NASHEIM, PUSCHNIK, PURSCHACHER, STANKIEWICZ, PUSNIK, RESSMANN, SHEA, ULRICH | |

# XVIII. OLYMPISCHE WINTERSPIELE NAGANO
## 7.–22. 2. 1998

| TEILNEHMER | | | | BEWERBE | |
|---|---|---|---|---|---|
| NATIONEN | GESAMT | MÄNNER | FRAUEN | SPORTARTEN | DISZIPLIN |
| 72 | 2302 | 1514 | 788 | 7 | 68 |

| DIE ERFOLGREICHSTEN NATIONEN | | |
|---|---|---|
| 1. DEUTSCHLAND | 29 | 12 - 9 - 8 |
| 2. NORWEGEN | 25 | 10 - 10 - 5 |
| 3. RUSSLAND | 18 | 9 - 6 - 3 |
| 8. ÖSTERREICH | 17 | 3 - 5 - 9 |

| DIE ERFOLGREICHSTEN SPORTLER | | |
|---|---|---|
| LASUTINA L. (RUS) | 5 | 3 - 1 - 1 |
| DAEHLIE B. (NOR) | 4 | 3 - 1 - 0 |
| FUNAKI K. (JAP) | 3 | 2 - 1 - 0 |
| MAIER H. (AUT) | 2 | 2 - 0 - 0 |

| DIE OLYMPIA-SIEGER | MÄNNER | FRAUEN |
|---|---|---|
| **ALPIN** | | |
| ABFAHRT | CRETIER J. (FRA) | SEIZINGER K. (GER) |
| SUPER-G | MAIER H. (AUT) | STREET P. (USA) |
| SLALOM | BURAAS H. (NOR) | GERG H. (GER) |
| RIESENTORLAUF | MAIER H. (AUT) | COMPAGNONI D. (ITA) |
| KOMBINATION | REITER M. (AUT) | SEIZINGER K. (GER) |
| **FREESTYLE** | | |
| FREESTYLE /BUCKELPISTE | MOSELEY J. (USA) | SATOYA T. (JAP) |
| FREESTYLE / SPRINGEN | BERGOUST E. (USA) | STONE N. (USA) |
| **SNOWBOARD** | | |
| RIESENTORLAUF | REBAGLIATI R. (CAN) | RUBY K. (FRA) |
| HALFPIPE | SIMMEN G. (SUI) | THOST N. (GER) |
| **EISKUNSTLAUF** | | |
| EINZEL | KULIK I. (RUS) | LIPINSKI T. (USA) |
| PAARLAUF | KASAKOWA O. / DIMITRIEW A. (RUS) | |
| EISTANZ | GRISCHTSCHUK P. / PLATOW I. (RUS) | |
| **EISSCHNELLLAUF** | | |
| 500 M | SHIMIZU H. (JAP) | LE MAY D. (CAN) |
| 1000 M | POSTMA I. (NED) | TIMMER M. (NED) |
| 1500 M | SONDRAL Ä. (NOR) | TIMMER M. (NED) |
| 3000 M | | NIEMANN G. (GER) |
| 5000 M | ROMME G. (NED) | PECHSTEIN C. (GER) |
| 10.000 M | ROMME G. (NED) | |
| **SHORTTRACK** | | |
| 500 M | NISHITANI T. (JAP) | PERREAULT A. (CAN) |
| 1000 M | KIM D. (KOR) | CHUN L. (KOR) |
| 3000 STAFFEL | | KOREA |
| 5000 STAFFEL | KANADA | |
| **RENNRODEL** | | |
| EINZEL | HACKL G. (GER) | KRAUSHAAR S. (GER) |
| DOPPEL | KRAUSSE S., BEHRENDT J. (GER) | |
| **BOB** | | |
| ZWEIER | ITALIEN I / HUBER G. , TARTAGLIA A. | |
| VIERER | DEUTSCHLAND II / LANGEN C., ZIMMERMANN M., JAKOBS M., HAMPEL O. | |

| DIE OLYMPIA-SIEGER | MÄNNER | FRAUEN |
|---|---|---|
| **CURLING** | | |
| | SCHWEIZ | KANADA |
| **EISHOCKEY** | | |
| | TSCHECHIEN | USA |
| **SKISPRUNG** | | |
| NORMALSCHANZE | SOININEN J. (FIN) | |
| GROSSSCHANZE | FUNAKI K. (JAP) | |
| TEAM | JAPAN / OKABE T., SAITO H., HARADA M., FUNAKI K. | |
| **LANGLAUF** | | |
| 5 KM K | | LASUTINA L. (RUS) |
| 10 KM JAGD | | LASUTINA L. (RUS) |
| 15 KM K | | DANILOWA O. (RUS) |
| 30 KM F | | TSCHEPALOWA J. (RUS) |
| 4 x 5 KM | | RUSSLAND / GAWRILJUK N., DANILOWA O., VÄLBE J., LASUTINA L. |
| 10 KM K | DAEHLIE B. (NOR) | |
| 25 KM VERF. | ALSGAARD T. (NOR) | |
| 30 KM K | MYLLYLÄ M. (FIN) | |
| 50 KM F | DAEHLIE B. (NOR) | |
| 4 x 10 KM | NORWEGEN / SIVERTSEN S., JEVNE F., DAEHLIE B., ALSGAARD T. | |
| **NORDISCHE KOMBINATION** | | |
| EINZEL | ENGEN VIK B. (NOR) | |
| TEAM | NORWEGEN / SKARD H., BRÄTEN K., ENGEN VIK, LUNDBERG F. | |
| **BIATHLON** | | |
| 10 KM | BJÖRNDALEN O. (NOR) | |
| 20 KM | HANNEVOLD H. (NOR) | |
| 4 x 7,5 KM | DEUTSCHLAND / GROSS R., SENDEL P., FISCHER S., LUCK F. | |
| 7,5 KM | | KUKLEWA G. (RUS) |
| 15 KM | | DAFOWSKA J. (BUL) |
| 3 x 7,5 KM | | DEUTSCHLAND / DISL U., ZELLNER M., APEL K., BEHLE P. |

| DIE ÖSTERREICHER – ALLE PLATZIERUNGEN | MÄNNER | FRAUEN |
|---|---|---|
| **ALPIN** | | |
| ABFAHRT | 3. TRINKL H. | 8. MEISSNITZER A. |
| | 7. SCHIFFERER A. | 15. SCHUSTER S. |
| | 11. STROBL F. | 18. DORFMEISTER M. |
| | DNF MAIER H. | DNF GÖTSCHL R. |
| SUPER-G | 1. MAIER H. | 2. DORFMEISTER M. |
| | 2. KNAUSS H. | 3. MEISSNITZER A. |
| | 19. SCHIFFERER A. | 5. GÖTSCHL R. |
| | DSQ EBERHARTER S. | 9. SCHUSTER S. |
| SLALOM | 3. SYKORA T. | 5. EGGER S. |
| | 5. MAYER C. | 6. SALVENMOSER I. |
| | 6. STANGASSINGER T. | |
| | DNF REITER M. | |
| RIESENTORLAUF | 1. MAIER H. | 2. MEISSNITZER A. |
| | 2. EBERHARTER S. | 15. SCHUSTER S. |
| | 4. KNAUSS H. | 20. MITTERWALLNER C. |
| | 9. MAYER C. | |
| KOMBINATION | 1. REITER M. | 4. SCHUSTER S. |
| | 3. MAYER C. | 11. OBERMOSER B. |
| | 4. MADER G. | DNF DORFMEISTER M. |
| | DNF MAIER H. | DNF GÖTSCHL R. |
| **FREESTYLE** | | |
| FREESTYLE/SPRINGEN | 7. RIJAVEC C. | 16. HUDRIBUSCH S. |
| **SNOWBOARD** | | |
| RIESENSLALOM | 4. KRASSNIG D. | 3. KÖCK B. |
| | 7. FREINADAMETZ M. | 5. FINGERLOS U. |
| | 9. HAPP D. | 8. ZEDLACHER I. |
| | DSQ GRABNER S. | 14. JAUFENTHALER H. |
| HALFPIPE | 24. PLÖTZENEDER M. | 9. PEDERZOLLI N. |
| | | 17. HÖLZL U. |
| **EISKUNSTLAUF** | | |
| EINZEL | | 14. LAUTOWA J. |
| **EISSCHNELLLAUF** | | |
| 500 M | 29. BRUNNER R. | DSQ HUNYADY E. |
| 1000 M | 31. BRUNNER R. | |
| 1500 M | 18. TEN KORTENAAR M. | 4. HUNYADY E. |
| | | 30. ANTAL E. |
| 3000 M | | 5. HUNYADY E. |
| | | 27. ANTAL E, |
| 5000 M | 10. TEN KORTENAAR M. | 8. HUNYADY E. |
| 10.000 M | 12. TEN KORTENAAR M. | |
| **RENNRODEL** | | |
| EINZEL | 4. PROCK M. | 3. NEUNER A. |
| | 5. KLEINHEINZ M. | 5. TAGWERKER A. |
| | 7. GLEIRSCHER G. | 10. MANZENREITER S. |
| DOPPEL | 4. SCHIEGL T., SCHIEGL M. | |
| **BOB** | | |
| ZWEIER | DNF ÖSTERREICH I / SCHÖSSER H., KUTTNER G. | |
| VIERER | 9. ÖSTERREICH I / SCHÖSSER H., ARNOLD E., LEISMÜLLER P., SCHÜTZENHOFER M. | |
| | 18. ÖSTERREICH II / EINBERGER K., BACHLER T., KUTTNER G., MÜLLER M. | |
| **EISHOCKEY** | | |
| | 14. ÖSTERREICH / DALPIAZ, DIVIS, HOHENBERGER, KALT, KROMP, KRUMPSCHMID, LAMPERT, LAVOIE, LINDER, PILLONI, NASHEIM, PERTHALER, PUSCHACHER, PUSCHNIK, PUSNIK, RESSMANN, SCHADEN, SEARLE, ULRICH, UNTERLUGGAUER, WHEELDON, BRANDNER, HOHENBERGER M. | |

| DIE ÖSTERREICHER – ALLE PLATZIERUNGEN | MÄNNER | FRAUEN |
|---|---|---|
| **SKISPRUNG** | | |
| NORMALSCHANZE | 3. WIDHÖLZL A. | |
| | 10. HORNGACHER S. | |
| | 11. SCHWARZENBERGER R. | |
| | 22. GOLDBERGER A. | |
| GROSSSCHANZE | 4. WIDHÖLZL A. | |
| | 7. SCHWARZENBERGER R. | |
| | 43. HÖLLWARTH M. | |
| | 60. HORNGACHER S. | |
| TEAM | 3. ÖSTERREICH / HÖLLWARTH M., HORNGACHER S., WIDHÖLZL A., SCHWARZENBERGER R. | |
| **LANGLAUF** | | |
| 5 KM | | 15. THEURL M. |
| | | 42. ROIDER R. |
| 10 KM JAGD | | 13. THEURL M. |
| | | DNF ROIDER R. |
| 15 KM | | 26. ROIDER R. |
| 30 KM | | 6. THEURL M. |
| 10 KM K | 2. GANDLER M. | |
| | 12. STADLOBER A. | |
| | 14. URAIN G. | |
| | 23. WALCHER A. | |
| 25 KM VERF. | 7. GANDLER M. | |
| | 11. WALCHER A. | |
| | 14. STADLOBER A. | |
| | 16. URAIN G. | |
| 30 KM K | 43. URAIN G. | |
| 50 KM F | 3. HOFFMANN C. | |
| | 12. STADLOBER A. | |
| | 38. WALCHER A. | |
| | DNF URAIN G. | |
| 4 x 10 KM | 9. ÖSTERREICH / GANDLER M., HOFFMANN C., STADLOBER A., WALCHER A. | |
| **NORDISCHE KOMBINATION** | | |
| EINZEL | 8. STECHER M. | |
| | 19. BIELER C. | |
| | 21. GOTTWALD F. | |
| | 24. EUGEN C. | |
| TEAM | 4. ÖSTERREICH / BIELER C., EUGEN C., GOTTWALD F., STECHER M. | |
| **BIATHLON** | | |
| 10 KM | 11. GREDLER L. | |
| | 38. PERNER W. | |
| | 39. ROTTMANN W. | |
| | 62. NEUNER R. | |
| 20 KM | 12. GREDLER L. | |
| | 24. PERNER W. | |
| | 26. ROTTMANN W. | |
| | 62. DENGG G. | |
| 4 x 7,5 KM | 11. ÖSTERREICH / GREDLER L., NEUNER R., PERNER W., ROTTMANN W. | |

# XIX. OLYMPISCHE WINTERSPIELE SALT LAKE CITY
## 8.–24. 2. 2002

| TEILNEHMER | | | | BEWERBE | |
|---|---|---|---|---|---|
| NATIONEN | GESAMT | MÄNNER | FRAUEN | SPORTARTEN | DISZIPLIN |
| 72 | 2302 | 1514 | 788 | 7 | 68 |

| DIE ERFOLGREICHSTEN NATIONEN | | |
|---|---|---|
| 1. DEUTSCHLAND | 35 | 12 - 16 - 7 |
| 2. NORWEGEN | 24 | 11 - 7 - 6 |
| 3. USA | 34 | 10 - 13 - 11 |
| 9. ÖSTERREICH | 17 | 3 - 4 - 10 |

| DIE ERFOLGREICHSTEN SPORTLER | | |
|---|---|---|
| BJÖRNDALEN (NOR) | 4 | 4 - 0 - 0 |
| KOSTELIC J. (CRO) | 4 | 3 - 1 - 0 |
| LAJUNEN S. (FIN) | 3 | 3 - 0 - 0 |
| EBERHARTER S. (AUT) | 3 | 1 - 1 - 1 |

| DIE OLYMPIA-SIEGER | MÄNNER | FRAUEN |
|---|---|---|
| **ALPIN** | | |
| ABFAHRT | STROBL F. (AUT) | MONTILLET C. (FRA) |
| SUPER-G | AAMODT K. (NOR) | CECCARELLI D. (ITA) |
| SLALOM | VIDAL J. (FRA) | KOSTELIC J.(CRO) |
| RIESENTORLAUF | EBERHARTER S. (AUT) | KOSTELIC J. (CRO) |
| KOMBINATION | AAMODT K. (NOR) | KOSTELIC J. (CRO) |
| **SNOWBOARD** | | |
| RIESENTORL. | SCHOCH P. (SUI) | BLANC J. (FRA) |
| HALFPIPE | POWERS R. (USA) | CLARK K. (USA) |
| **FREESTYLE** | | |
| BUCKELPISTE | LAHTELA J. (FIN) | TRAA K. (NOR) |
| SPRINGEN | VALENTA A. (CZE) | CAMPLIN A. (AUS) |
| **EISKUNSTLAUF** | | |
| EINZEL | JAGUDIN A. (RUS) | HUGHES S. (USA) |
| PAARLAUF | BERESCHNAJA / SIKARUDLIDSE (RUS) | |
| | EX AEQUO SALE / PELLETTIER (CAN) | |
| EISTANZ | ANISSINA M. / PEIZERAT G. (FRA) | |
| **EISSCHNELLLAUF** | | |
| 500 M | FITZRANDOLPH (USA) | LE MAY D. (CAN) |
| 1000 M | VAN VELDE G. (NED) | WITTY C. (USA) |
| 1500 M | PARRA D.(USA) | FRIESINGER A. (GER) |
| 3000 M | | PECHSTEIN C. (GER) |
| 5000 M | UYTDEHAAGE J.(NED) | PECHSTEIN C. (GER) |
| 10.000 M | UYTDEHAAGE J.(NED) | |
| SHORTTRACK 500 M | GAGNON M. (CAN) | YANG Y. (CHN) |
| SHORTTRACK 1000 M | BRADBURY S. (AUS) | YANG Y. (CHN) |
| SHORTTRACK 1500 M | OHNO A. (USA) | KO GI (KOR) |
| SHORTTRACK 3000 M STAFFEL | | KOREA |
| SHORTTRACK 5000 M STAFFEL | KANADA | |
| **BOB** | | |
| ZWEIER | DEUTSCHLAND I / LANGEN C., ZIMMERMANN | USA II / BAKKEN J., FLOWERS V. |
| VIERER | DEUTSCHLAND II / LANGE A., KÜHN E., KUSKE K., EMBACH C. | |
| **SKELETON** | | |
| | SHEA J. (USA) | GALE T. (USA) |
| **RENNRODEL** | | |
| EINZEL | ZÖGGELER A. (ITA) | OTTO S. (GER) |
| DOPPEL | LEITNER P., RESCH A. (GER) | |
| **CURLING** | | |
| | NORWEGEN | GROSSBRITANNIEN |
| **EISHOCKEY** | | |
| | KANADA | KANADA |

| DIE OLYMPIA-SIEGER | MÄNNER | FRAUEN |
|---|---|---|
| **SKISPRUNG** | | |
| NORMALSCHANZE | AMMANN S. (SUI) | |
| GROSSSCHANZE | AMMANN S. (SUI) | |
| TEAM | DEUTSCHLAND / HANNAWALD S., HOCKE S., UHRMANN M., SCHMITT M. | |
| **LANGLAUF** | | |
| 10 KM K | | SKARI B. (NOR) |
| 10 KM VERFOL. | | DANILAWA O. (RUS) |
| 15 KM F/M | | BELMONDO S. (ITA) |
| 30 KM F | | PARUZZI G. (ITA) |
| 4 x 5 KM | | DEUTSCHLAND / HENKEL M., BAUER V., SACHENBACHER E., KÜNZEL C. |
| 1,5 KM SPRINT | | TSCHEPALOWA(RUS) |
| 15 KM K | VEERPALU A. (EST) | |
| 20 KM VERFOL. | ALSGAARD T./ESTIL F. (NOR) | |
| 30 KM F/M | HOFFMANN C. (AUT) | |
| 50 KM K | IWANOW M. (RUS) | |
| 4 x 10 KM | NORWEGEN / AUKLAND A., ESTIL F., SKJELDAL K., ALSGAARD T. | |
| 1,5 KM SPRINT | HETLAND T. (NOR) | |
| **NORDISCHE KOMBINATION** | | |
| EINZEL | LAJUNEN S. (FIN) | |
| TEAM | FINNLAND / MANTILA J., MANNINEN H., TALLUS J., LAJUNEN S. | |
| EINZEL SPRINT | LAJUNEN S. (FIN) | |
| **BIATHLON** | | |
| 10 KM | BJÖRNDALEN O. (NOR) | |
| 12,5 KM VERF. | BJÖRNDALEN O. (NOR) | |
| 20 KM | BJÖRNDALEN O. (NOR) | |
| 4 x 7,5 KM | NORWEGEN / BJÖRNDALEN O., HANEVOLD H., GJELLAND E., ANDRESEN F. | |
| 7,5 KM | | WILHEM K. (GER) |
| 10 KM VERF. | | PYLEWA O. (RUS) |
| 15 KM | | HENKEL A. (GER) |
| 4 x 7,5 KM | | DEUTSCHLAND / APEL K., HENKEL A., DISL U., WILHELM K. |

| DIE ÖSTERREICHER - ALLE PLATZIERUNGEN | MÄNNER | FRAUEN |
|---|---|---|
| **ALPIN** | | |
| ABFAHRT | 1. STROBL F. | 3. GÖTSCHL R. |
| | 3. EBERHARTER S. | 6. HEREGGER S. |
| | 6. GREBER C. | 9. DORFMEISTER M. |
| | 20. GRUBER C. | 19. OBERMOSER B. |
| SUPER-G | 2. EBERHARTER S. | 4. MEISSNITZER A. |
| | 3. SCHIFFERER A. | 6. DORFMEISTER M. |
| | 4. STROBL F. | 8. GÖTSCHL R. |
| | 7. GRUBER C. | DNF SCHNEIDER T. |
| SLALOM | 3. RAICH B. | DNF GÖTSCHL R. |
| | 4. ALBRECHT K. | DNF RAICH C. |
| | DNF PRANGER M. | DNF SCHILD M. |
| | DNF SCHÖNFELDER R. | DNF SPONRING C. |
| RIESENTORLAUF | 1. EBERHARTER S. | 4. DORFMEISTER M. |
| | 4. RAICH B. | 4. MEISSNITZER A. |
| | 5. GRUBER C. | 14. OBERMOSER B. |
| | DNF KNAUSS K. | DNF HEREGGER S. |
| KOMBINATION | 3. RAICH B. | 2. GÖTSCHL R. |
| | 4. SCHÖNFELDER R. | 5. DORFMEISTER M. |
| | 11. ALBRECHT K. | 11. HEREGGER S. |
| | DNF WALCHHOFER M. | DNF SPONRING C. |
| **FREESTYLE** | | |
| BUCKELPISTE | | 10. MARBLER M. |
| **SNOWBOARD** | | |
| RIESENTORLAUF | 7. GRABNER S. | 5. KIRCHGASSER M. |
| | 10. MAIER A. | 23. RIEGLER M. |
| | 13. KALTSCHÜTZ S. | 28. RIEGLER C. |
| | 14. KRASSNIG D. | DNF GÜNTHER D. |
| HALFPIPE | | 7. PEDERZOLLI N. |
| **EISSCHNELLLAUF** | | |
| 500 M | | 26. HUNYADY E. |
| 1500 M | | 12. HUNYADY E. |
| 3000 M | | 9. HUNYADY E. |
| **RENNRODEL** | | |
| EINZEL | 3. PROCK M. | 4. NEUNER A. |
| | 8. KLEINHEINZ M. | 7. MANZENREITER S. |
| | 10. MARGREITER R. | 11. EDER S. |
| DOPPEL | 6. SCHIEGL T. / SCHIEGL M. | |
| | 8. LINGER A. / LINGER W. | |
| **BOB** | | |
| ZWEIER | 7. ÖSTERREICH I / STAMPFER W., SCHÜTZENAUER M. | |
| VIERER | 13. ÖSTERREICH I / STAMPFER W., MÜLLER M., SEELOS K., SCHÜTZENAUER M. | |
| **SKELETON** | | |
| | 2. RETTL M. | |
| | 12. AUER C. | |
| **EISHOCKEY** | | |
| | 12. ÖSTERREICH / BRANDNER, DALPIAZ, DIVIS, KALT, HOHENBERGER, KASPER, KROMP, LAKOS, PERTHALER, LANZINGER, LAVOIE, LUKAS, PÖCK, RESSMANN, SALFI, SCHADEN, SEARLE, SUTTNIG, SETZINGER, TRATTNIG, ULRICH, UNTERLUGGAUER, WHEELDON | |

| DIE ÖSTERREICHER - ALLE PLATZIERUNGEN | MÄNNER | FRAUEN |
|---|---|---|
| **SKISPRUNG** | | |
| NORMALSCHANZE | 11. HORNGACHER S. | |
| | 14. KOCH M. | |
| | 24. WIDHÖLZL A. | |
| | 25. HÖLLWARTH M. | |
| GROSSSCHANZE | 5. HORNGACHER S. | |
| | 8. KOCH M. | |
| | 14. HÖLLWARTH M. | |
| | 21. WIDHÖLZL A. | |
| TEAM | 4. ÖSTERREICH / HÖLLWARTH M., LOITZL W., HORNGACHER S., WIDHÖLZL A. | |
| **LANGLAUF** | | |
| 15 KM K | 23. MARENT A. | |
| | 41. URAIN G. | |
| 20 KM VERF. | 9. BOTWINOW M. | |
| | WALCHER A. (43.) DSQ X)1 | |
| | MAYER M. (51.) DSQ X)1 | |
| 30 KM F/M | 1. HOFFMANN C. | |
| | 2. BOTWINOW M. | |
| | 23. URAIN G. | |
| | WALCHER A. (45.) DSQ X)1 | |
| 50 KM K | 5. BOTWINOW M. | |
| | MAYER M. (24.) DSQ X)1 | |
| 4 x 10 KM | 4. ÖSTERREICH / BOTWINOW M., URAIN G., MARENT A., HOFFMANN C. | |
| 1,5 KM SPRINT | 23. NEUNER R. | |
| | MAYER M. (20.) DSQ X)1 | |
| **NORDISCHE KOMBINATION** | | |
| EINZEL | 3. GOTTWALD F. | |
| | 6. STECHER M. | |
| | 15. BIELER C. | |
| | 20. EUGEN C. | |
| TEAM | 3. ÖSTERREICH / BIELER C., GOTTWALD F., GRUBER M., STECHER M. | |
| SPRINT | 3. GOTTWALD F. | |
| | 11. STECHER M. | |
| | 16. BIELER C. | |
| | 28. GRUBER M. | |
| **BIATHLON** | | |
| 10 KM | 3. PERNER W. | |
| | 5. ROTTMANN W. | |
| | 10. GREDLER L. | |
| | DNF SUMANN C. | |
| 20 KM | 11. GREDLER L. | |
| | 22. SUMANN C. | |
| | 32. PERNER W. | |
| | 64. MESOTITSCH D. | |
| 12,5 KM VERF. | 4. GREDLER L. | |
| | 6. ROTTMANN W. | |
| | 9. PERNER W. | |
| 4 x 7,5 KM | 6. ÖSTERREICH / GREDLER L., PRERNER W., ROTTMANN W., SUMANN C. | |

X)1 DIE LANGLÄUFER M. MAYER UND A. WALCHER WURDEN NACHTRÄGLICH VOM IOC WEGEN VERSTOSS GEGEN DIE DOPING-BESTIMMUNGEN GESPERRT UND IHRE RESULTATE GESTRICHEN.

# XX. OLYMPISCHE WINTERSPIELE TURIN
## 10.–26. 2. 2006

| TEILNEHMER | | | | BEWERBE | |
|---|---|---|---|---|---|
| NATIONEN | GESAMT | MÄNNER | FRAUEN | SPORTARTEN | DISZIPLIN |
| 80 | 2508 | 1548 | 960 | 7 | 84 |

| DIE ERFOLGREICHSTEN NATIONEN | | |
|---|---|---|
| 1. DEUTSCHLAND | 29 | 11 - 12 - 6 |
| 2. USA | 25 | 9 - 9 - 7 |
| 3. ÖSTERREICH | 23 | 9 - 7 - 7 |

| DIE ERFOLGREICHSTEN SPORTLER | | |
|---|---|---|
| HYUN-SOO A. (KOR) | 4 | 3 - 0 - 1 |
| SUN-YU J. (KOR) | 3 | 3 - 0 - 0 |
| GREIS M. (GER) | 3 | 3 - 0 - 0 |
| GOTTWALD F. (AUT) | 3 | 2 - 1 - 0 |

| DIE OLYMPIA-SIEGER | MÄNNER | FRAUEN |
|---|---|---|
| **ALPIN** | | |
| ABFAHRT | DENERIAZ A. (FRA) | DORFMEISTER M. (AUT) |
| SUPER-G | AAMODT K. (NOR) | DORFMEISTER M. (AUT) |
| SLALOM | RAICH B. (AUT) | PÄRSON A. (SWE) |
| RIESENTORLAUF | RAICH B. (AUT) | MANCUSO J. (USA) |
| KOMBINATION | LIGETY T. (USA) | KOSTELIC J. (CRO) |
| **FREESTYLE** | | |
| BUCKELPISTE | BEGG-SMITH D. (AUS) | HEIL J. (CAN) |
| SPRINGEN | HAN X. (CHN) | LEU E. (SUI) |
| **SNOWBOARD** | | |
| RIESENTORLAUF | SCHOCH P. (SUI) | MEULI D. (SUI) |
| HALFPIPE | WHITE S. (USA) | TETER H. (USA) |
| CROSS | WESCOTT S. (USA) | FRIEDEN T. (SUI) |
| **EISKUNSTLAUF** | | |
| EINZEL | PLJUSCHTSCHENKO (RUS) | ARAKAWA S. (JAP) |
| PAARLAUF | TOTMJANINA T. / MARININ M.(RUS) | |
| EISTANZ | NAWKA T. / KOSTOMAROW R. (RUS) | |
| **EISSCHNELLLAUF** | | |
| 500 M | CHEEK J. (USA) | SCHUROWA S. (RUS) |
| 1000M | DAVIS S. (USA) | TIMMER M. (NED) |
| 1500 M | FABRIS E. (ITA) | KLASSEN C. (CAN) |
| 3000 M | | WÜST I. (NED) |
| 5000 M | HEDRICK C. (USA) | HUGHES C. (CAN) |
| 10000 M | DE JONG B. (NED) | |
| TEAM VERFOLG. | ITALIEN | DEUTSCHLAND |
| SHORTTRACK 500 M | OHNO A. (USA) | WANG M. (CHN) |
| SHORTTRACK 1000 M | HYUN-SOO A. (KOR) | SUN-YU J. (KOR) |
| SHORTTRACK 1500 M | HYUN-SOO A. (KOR) | SUN-YU J. (KOR) |
| SHORTTRACK 3000 M STAFFEL | | KOREA |
| SHORTTRACK 5000 M STAFFEL | KOREA | |
| **BOB** | | |
| ZWEIER | DEUTSCHLAND I / LANGE A., KUSKE K. | DEUTSCHLAND I / KIRIASIS S., SCHNEIDERHEINZE A. |
| VIERER | DEUTSCHLAND I / LANGE A., KUSKE K., HOPPE R., PUTZE M. | |
| **RENNRODEL** | | |
| EINZEL | ZÖGGELER A. (ITA) | OTTO S. (GER) |
| DOPPEL | LINGER A. / LINGER W. (AUT) | |
| **SKELETON** | | |
| | GIBSON D. (CAN) | PEDERSON M. (SUI) |
| **CURLING** | | |
| | KANADA | SCHWEDEN |
| **EISHOCKEY** | | |
| | SCHWEDEN | KANADA |

| DIE OLYMPIA-SIEGER | MÄNNER | FRAUEN |
|---|---|---|
| **SKISPRUNG** | | |
| NORMALSCHANZE | BYSTÖL L. (NOR) | |
| GROSSCHAN. | MORGENSTERN T. (AUT) | |
| TEAM | ÖSTERREICH / MORGENSTERN T., KOCH M., WIDHÖLZL A., KOFLER A. | |
| **LANGLAUF** | | |
| 15 KM K | VEERPALU A. (EST) | |
| 30 KM VERFOLG. | DEMENTJEW J. (RUS) | |
| 50 KM F | DI CENTA G. (ITA) | |
| 4 x 10 KM | ITALIEN / DI CENTA, VALBUSA, PILLER-COTTRER, ZORZI | |
| 1,5 KM SPRINT | LIND B. (SWE) | |
| TEAM SPRINT | LIND/FREDRIKSSON (SWE) | |
| 10 KM K | | SMIGUN K. (EST) |
| 15 KM VERF. | | SMIGUN K. (EST) |
| 30 KM F | | NEUMANNOVA K. (CZE) |
| 4 x 5 KM | | RUSSLAND / BARANOWA, KURKINA, TSCHEPALOWA, MEDWEDEWA |
| 1,5 KM SPRINT | | CRAWFORD C. (CAN) |
| TEAM SPRINT | | DAHLBERG, ANDERSSON (SWE) |
| **BIATHLON** | | |
| EINZEL 20 KM | GREIS M. (GER) | |
| 12,5 KM VERF. | DEFRASNE V. (FRA) | |
| MASSENSTART | GREIS M. (GER) | |
| SPRINT 10 KM | FISCHER S. (GER) | |
| TEAM | DEUTSCHLAND | |
| EINZEL 15 KM | | ISCHTMURATOWA (RUS) |
| 10 KM VERF. | | WILHELM K. (GER) |
| MASSENSTART | | OLOFSSON A. (SWE) |
| SPRINT 7,5 KM | | BAVEREL-ROBERT F. (FRA) |
| TEAM | | RUSSLAND / ISCHTMURATOWA, BOGALI, SAIZEWA, ACHATOWA |
| **NORDISCHE KOMBINATION** | | |
| EINZEL | HETTICH G. (GER) | |
| TEAM | ÖSTERREICH / GOTTWALD F., GRUBER M., BIELER C., STECHER M. | |
| EINZEL SPRINT | GOTTWALD F. (AUT) | |

| | DIE ÖSTERREICHER - ALLE PLATZIERUNGEN | |
|---|---|---|
| | MÄNNER | FRAUEN |
| ALPIN | | |
| ABFAHRT | 2. WALCHHOFER M. | 1. DORFMEISTER M. |
| | 6. MAIER H. | 4. GÖTSCHL R. |
| | 8. STROBL F. | 8. MEISSNITZER A. |
| | 22. KRÖLL K. | DNF GÖRGL E. |
| SUPER-G | 2. MAIER H. | 1. DORFMEISTER M. |
| | 10. REICHELT H. | 3. MEISSNITZER A. |
| | 19. GRUBER C. | 13. FISCHBACHER A. |
| | 21. RAICH B. | 26. GÖTSCHL R. |
| SLALOM | 1. RAICH B. | 2. HOSP N. |
| | 2. HERBST R. | 3. SCHILD M. |
| | 3. SCHÖNFELDER R. | 5. KIRCHGASSER M. |
| | DNF MATT M. | DNF ZETTEL K. |
| RIESENTORLAUF | 1. RAICH B. | 4. HOSP N. |
| | 3. MAIER H. | 7. ZETTEL K. |
| | 8. SCHÖNFELDER R. | 17. SCHILD M. |
| | DNF GÖRGL S. | DNF KIRCHGASSER M. |
| KOMBINATION | 3. SCHÖNFELDER R. | 2. SCHILD M. |
| | 34. MATT M. | 4. ZETTEL K. |
| | DNF RAICH B. | 5. HOSP N. |
| | DNF WALCHHOFER M. | 6. KIRCHGASSER M. |
| FREESTYLE | | |
| BUCKELPISTE | | 17. MARBLER M. |
| SNOWBOARD | | |
| RIESENTORLAUF | 3. GRABNER S. | 4. GÜNTHER D. |
| | 9. PROMMEGGER A. | 10. KRINGS H. |
| | 14. WALDER H. | 11. KRINGS D. |
| | 30. MAIER A. | 28. RIEGLER M. |
| CROSS | 8. KRASSNIG D. | 13. KRINGS D. |
| | 15. UNTERRAINER H. | 14. GÜNTHER D. |
| | 19. GRÜNER L. | |
| | 30. FUCHS M. | |
| EISKUNSTLAUF | | |
| EINZEL | 22. PFEIFER V. | |
| EISSCHNELLLAUF | | |
| 1500 M | | 27. ROKITA N. |
| 3000 M | | 16. ROKITA N. |
| 5000 M | | 12. ROKITA N |
| RENNRODEL | | |
| EINZEL | 9. KLEINHEINZ M. | 5. HALDER V. |
| | 12. MARGREITER R. | 8. REITHMAYER N. |
| | 13. PFISTER D. | DNF MANZENREITER S. |
| DOPPEL | 1. LINGER A. / LINGER W. | |
| | 4. SCHIEGL M. / SCHIEGL T. | |
| BOB | | |
| ZWEIER | 10. ÖSTERREICH I / STAMPFER W., SEELOS K. | |
| | 17. ÖSTERREICH II / LOACKER J., KÖHLER G. | |
| VIERER | 13. ÖSTERREICH I / STAMPFER W., WELZ H., LOACKER J., SEELOS K. | |
| SKELETON | | |
| | 13. RETTL M. | |
| | 16. PENZ M. | |

| | DIE ÖSTERREICHER - ALLE PLATZIERUNGEN | |
|---|---|---|
| | MÄNNER | FRAUEN |
| SKISPRUNG | | |
| NORMALSCHANZE | 9. MORGENSTERN T. | |
| | 11. KOFLER A. | |
| | 17. WIDHÖLZL A. | |
| | 23. KOCH M. | |
| GROSSSCHANZE | 1. MORGENSTERN T. | |
| | 2. KOFLER A. | |
| | 21. WIDHÖLZL A. | |
| | 32. KOCH M. | |
| TEAM | 1. ÖSTERREICH / MORGENSTERN T., KOCH M., KOFLER A., WIDHÖLZL A. | |
| LANGLAUF | | |
| 15 KM K | TAUBER M. (8.) DSQ. X)1 | |
| 30 KM VERF. | 7. BOTWINOW M. | |
| | TAUBER M. (17.) DSQ X)1 | |
| 50 KM F | 3. BOTWINOW M. | |
| 4 x 10 KM | ÖSTERREICH (16.) DSQ X)1 / DIETHARD R., EDER J., PINTER J., TAUBER M. | |
| 1,5 KM SPR. | 20. STOCKINGER M. | |
| | 24. WURM H. | |
| TEAM SPRINT | EDER / PINTER (16.) DSQ X)1 | |
| NORDISCHE KOMBINATION | | |
| EINZEL | 2. GOTTWALD F. | |
| | 12. GRUBER M. | |
| | 13. BIELER C. | |
| | 19. STECHER M. | |
| TEAM | 1. ÖSTERREICH / GOTTWALD F., STECHER M., BIELER C., GRUBER M. | |
| SPRINT | 1. GOTTWALD F. | |
| | 13. GRUBER M. | |
| | 14. STECHER M. | |
| | 23. BIELER C. | |
| BIATHLON | | |
| SPRINT 10 KM | 15. SUMANN C. | |
| | 52. GREDLER L. | |
| | PERNER W. (4.) DSQ X)1 | |
| | ROTTMANN W. (27.) DSQ X)1 | |
| 15 KM MASS. | 9. SUMANN C. | |
| EINZEL 20 KM | 26. PINTER F. | |
| | 41. GREDLER L. | |
| | 59. MESOTITSCH D. | |
| | PERNER W. (60.) DSQ X)1 | |
| 12,5 KM VERF. | 7. SUMANN C. | |
| | 45. GREDLER L. | |
| | ROTTMANN W. (21.) DSQ X)1 | |
| | PERNER W. (25.) DSQ X)1 | |
| 4 x 7,5 KM | 17. ÖSTERREICH / GREDLER L., PINTER F., MESOTITSCH D., SUMANN C. | |

X1) DIE LANGLÄUFER TAUBER, DIETHARD, EDER UND PINTER WURDEN AUF LEBENSZEIT WEGEN VERSTOSS GEGEN DIE DOPING-BESTIMMUNGEN GESPERRT UND DIE ERGEBNISSE GESTRICHEN.

# DIE ERFOLGREICHSTEN WINTER-OLYMPIONIKEN

| | | | | | GOLD | SILBER | BRONZE | GESAMT |
|---|---|---|---|---|---|---|---|---|
| DAEHLIE | Björn | NOR | Langlauf | 1992-1998 | 8 | 4 | 0 | 12 |
| JEGOROWA | Ljubov | RUS | Langlauf | 1992-1994 | 6 | 3 | 0 | 9 |
| SKOBLIKOVA | Lidija | URS | Eisschnelllauf | 1960-1964 | 6 | 0 | 0 | 6 |
| BJÖRNDALEN | Ole Einar | NOR | Biathlon | 1998-2006 | 5 | 3 | 1 | 9 |
| PECHSTEIN | Claudia | GER | Eisschnelllauf | 1992-2006 | 5 | 2 | 2 | 9 |
| LASUTINA | Larissa | RUS | Langlauf | 1992-2002 | 5 | 1 | 1 | 7 |
| THUNBERG | Clas | FIN | Eisschnelllauf | 1024-1028 | 5 | 1 | 1 | 7 |
| ALSGAARD | Thomas | NOR | Langlauf | 1994-2002 | 5 | 1 | 0 | 6 |
| BLAIR | Bonnie | USA | Eisschnelllauf | 1988-1994 | 5 | 0 | 1 | 6 |
| HEIDEN | Eric | USA | Eisschnelllauf | 1980 | 5 | 0 | 0 | 5 |
| SMETANINA | Raissa | URS | Langlauf | 1976-1992 | 4 | 5 | 1 | 10 |
| JERNBERG | Sixten | SWE | Langlauf | 1956-1964 | 4 | 3 | 2 | 9 |
| GROSS | Ricco | GER | Biathlon | 1992-2006 | 4 | 3 | 1 | 8 |
| AAMODT | Kjetil-Andre | NOR | Ski Alpin | 1992-2006 | 4 | 2 | 2 | 8 |
| FISCHER | Sven | GER | Biathlon | 1994-2006 | 4 | 2 | 2 | 8 |
| KULAKOWA | Galina | URS | Langlauf | 1968-1980 | 4 | 2 | 2 | 8 |
| BALLAGRUND | Ivar | NOR | Eisschnelllauf | 1928-1936 | 4 | 2 | 1 | 7 |
| KOSTELIC | Janica | CRO | Ski Alpin | 2002-2006 | 4 | 2 | 0 | 6 |
| SVAN | Gunde | SWE | Langlauf | 1984-1988 | 4 | 1 | 1 | 6 |
| GRISCHIN | Jewgeni | URS | Eisschnelllauf | 1956-1964 | 4 | 1 | 0 | 5 |
| KOSS | Johann Olav | NOR | Eisschnelllauf | 1992-1994 | 4 | 1 | 0 | 5 |
| NYKÄNEN | Matti | FIN | Skispringen | 1984-1988 | 4 | 1 | 0 | 5 |
| SIMJATOW | Nikolai | URS | Langlauf | 1980-1984 | 4 | 1 | 0 | 5 |
| TICHONOW | Alexander | URS | Biathlon | 1968-1980 | 4 | 1 | 0 | 5 |
| CHUN LEE | Kyung | KOR | Short Track | 1994-1998 | 4 | 0 | 1 | 5 |
| WASSBERG | Thomas | SWE | Langlauf | 1980-1984 | 4 | 0 | 0 | 4 |
| ENKE | Karin | GER | Eisschnelllauf | 1980-1988 | 3 | 4 | 1 | 8 |
| NIEMANN | Gunda | GER | Eisschnelllauf | 1992-1998 | 3 | 4 | 1 | 8 |
| HAKULINEN | Veikko | FIN | Langlauf | 1952-1960 | 3 | 3 | 1 | 7 |
| WILHELM | Kati | GER | Biathlon | 2002-2006 | 3 | 3 | 0 | 6 |
| MÄNTYRANTA | Eero | FIN | Langlauf | 1960-1968 | 3 | 2 | 2 | 7 |
| TSCHEPALOWA | Julia | RUS | Langlauf | 1998-2006 | 3 | 2 | 1 | 6 |
| ULVANG | Vegard | NOR | Langlauf | 1988-1994 | 3 | 2 | 1 | 6 |
| HACKL | Georg | GER | Rennrodel | 1988-2002 | 3 | 2 | 0 | 5 |
| LAJUNEN | Samppa | FIN | Nord. Komb. | 1998-2002 | 3 | 2 | 0 | 5 |
| TOMBA | Alberto | ITA | Ski Alpin | 1988-1994 | 3 | 2 | 0 | 5 |
| GROTTUMSBRATEN | Johann | NOR | Langl./Nord. Komb. | 1924-1932 | 3 | 1 | 2 | 6 |

| Beste Österreicher | | | | | | | | |
|---|---|---|---|---|---|---|---|---|
| SAILER | Toni | AUT | Ski Alpin | 1956 | 3 | 0 | 0 | 3 |
| GOTTWALD | Felix | AUT | Nord. Komb. | 2002-2006 | 2 | 1 | 3 | 6 |
| MAIER | Hermann | AUT | Ski Alpin | 1998-2006 | 2 | 1 | 1 | 4 |
| DORFMEISTER | Michaela | AUT | Ski Alpin | 1998-2006 | 2 | 1 | 0 | 3 |

# DER „EWIGE" MEDAILLEN-SPIEGEL
## WINTERSPIELE 1908–2006

| | GOLD | SILBER | BRONZE | GESAMT |
|---|---|---|---|---|
| NORWEGEN | 98 | 100 | 86 | 284 |
| UDSSR 1952-1988 + EUN 1992 | 87 | 63 | 67 | 217 |
| DEUTSCHLAND X) | 80 | 81 | 59 | 220 |
| USA | 78 | 81 | 58 | 217 |
| ÖSTERREICH | 51 | 64 | 70 | 185 |
| SCHWEDEN | 46 | 32 | 45 | 123 |
| FINNLAND | 42 | 57 | 52 | 151 |
| KANADA | 39 | 38 | 43 | 120 |
| DDR 1968-1988 | 39 | 36 | 35 | 110 |
| SCHWEIZ | 37 | 37 | 43 | 117 |
| ITALIEN | 36 | 31 | 34 | 101 |
| RUSSLAND | 34 | 24 | 19 | 77 |
| NIEDERLANDE | 25 | 30 | 23 | 78 |
| FRANKREICH | 25 | 24 | 33 | 82 |
| SÜDKOREA | 17 | 8 | 6 | 31 |
| JAPAN | 9 | 10 | 13 | 32 |
| GROSSBRITANNIEN | 9 | 5 | 14 | 28 |
| CHINA | 4 | 16 | 13 | 33 |
| KROATIEN | 4 | 3 | 0 | 7 |
| ESTLAND | 4 | 1 | 1 | 6 |
| TSCHECHIEN AB 1994 | 3 | 5 | 2 | 10 |
| AUSTRALIEN | 3 | 0 | 3 | 6 |
| TSCHECHOSLOWAKEI | 2 | 8 | 16 | 26 |
| LIECHTENSTEIN | 2 | 2 | 5 | 9 |
| POLEN | 1 | 3 | 4 | 8 |
| BULGARIEN | 1 | 2 | 3 | 6 |
| KASACHSTAN | 1 | 2 | 2 | 5 |
| BELGIEN | 1 | 1 | 3 | 5 |
| UKRAINE | 1 | 1 | 3 | 5 |
| SPANIEN | 1 | 0 | 1 | 2 |
| USBEKISTAN | 1 | 0 | 0 | 1 |

X) 1956-1964 GESAMTDEUTSCHE MANNSCHAFT

# ALPINE MEDAILLEN
## BILANZ 1948–2006

| | | | | GOLD | SILBER | BRONZE | GESAMT |
|---|---|---|---|---|---|---|---|
| AAMODT | Kjetil-Andre | NOR | 1992 - 2006 | 4 | 2 | 2 | 8 |
| KOSTELIC | Janica | CRO | 2002 - 2006 | 4 | 2 | 0 | 6 |
| TOMBA | Alberto | ITA | 1988 - 1994 | 3 | 2 | 0 | 5 |
| SCHNEIDER | Vreni | SUI | 1988 - 1994 | 3 | 1 | 1 | 5 |
| COMPAGNONI | Deborah | ITA | 1992 - 1998 | 3 | 1 | 0 | 4 |
| SEIZINGER | Katja | GER | 1992 - 1998 | 3 | 0 | 2 | 5 |
| KILLY | Jean-Claude | FRA | 1968 | 3 | 0 | 0 | 3 |
| SAILER | Toni | AUT | 1956 | 3 | 0 | 0 | 3 |
| MAIER | Hermann | AUT | 1998 - 2006 | 2 | 1 | 1 | 4 |
| WENZEL | Hanni | LIE | 1976 - 1980 | 2 | 1 | 1 | 4 |
| DORFMEISTER | Michaela | AUT | 1998 - 2006 | 2 | 1 | 0 | 3 |
| GOITSCHEL | Marielle | FRA | 1964 - 1968 | 2 | 1 | 0 | 3 |
| JOCHUM-BEISER | Trude | AUT | 1948 - 1952 | 2 | 1 | 0 | 3 |
| MITTERMAIER | Rosi | GER | 1976 | 2 | 1 | 0 | 3 |
| WIBERG | Pernilla | SWE | 1992 - 1998 | 2 | 1 | 0 | 3 |
| RAICH | Benjamin | AUT | 2002 - 2006 | 2 | 0 | 2 | 4 |
| NADIG | Marie-Theres | SUI | 1972 - 1980 | 2 | 0 | 1 | 3 |
| OREILLER | Henri | FRA | 1948 | 2 | 0 | 1 | 3 |
| STENMARK | Ingemar | SWE | 1976 - 1980 | 2 | 0 | 1 | 3 |
| KRONBERGER | Petra | AUT | 1992 | 2 | 0 | 0 | 2 |
| MEAD-LAWRENCE | Andrea | USA | 1952 | 2 | 0 | 0 | 2 |
| WASMEIER | Markus | GER | 1994 | 2 | 0 | 0 | 2 |

| NATIONEN | | | | | | | |
|---|---|---|---|---|---|---|---|
| ÖSTERREICH | | | | 30 | 34 | 37 | 101 |
| SCHWEIZ | | | | 16 | 19 | 18 | 53 |
| FRANKREICH | | | | 15 | 14 | 14 | 43 |
| DEUTSCHLAND | | | | 13 | 12 | 9 | 34 |
| USA | | | | 12 | 15 | 4 | 31 |
| ITALIEN | | | | 12 | 8 | 7 | 27 |
| NORWEGEN | | | | 8 | 7 | 7 | 22 |
| SCHWEDEN | | | | 5 | 2 | 7 | 14 |
| KROATIEN | | | | 4 | 3 | 0 | 7 |
| KANADA | | | | 4 | 1 | 5 | 10 |
| LIECHTENSTEIN | | | | 2 | 2 | 4 | 8 |

# NORDISCHE MEDAILLEN
## BILANZ 1924–2006

| SKISPRINGEN | | | | GOLD | SILBER | BRONZE | GESAMT |
|---|---|---|---|---|---|---|---|
| NYKÄNEN | Matti | FIN | 1984 - 1988 | 4 | 1 | 0 | 5 |
| WEISSFLOG | Jens | GER | 1984 - 1994 | 3 | 1 | 0 | 4 |
| RUUD | Birger | NOR | 1932 - 1948 | 2 | 1 | 0 | 3 |
| FUNAKI | Kazuyoshi | JAP | 1998 | 2 | 1 | 0 | 3 |
| NIEMINEN | Toni | FIN | 1992 | 2 | 0 | 1 | 3 |
| AMMAN | Simon | SUI | 2002 | 2 | 0 | 0 | 2 |
| MORGENSTERN | Thomas | AUT | 2006 | 2 | 0 | 0 | 2 |
| NIKKOLA | Ari-Pekka | FIN | 1988 - 1992 | 2 | 0 | 0 | 2 |
| INNAUER | Toni | AUT | 1976 - 1980 | 1 | 1 | 0 | 2 |
| VETTORI | Ernst | AUT | 1992 | 1 | 1 | 0 | 2 |

| NATIONEN | | | | | | | |
|---|---|---|---|---|---|---|---|
| FINNLAND | | | | 10 | 8 | 4 | 22 |
| NORWEGEN | | | | 9 | 9 | 10 | 28 |
| ÖSTERREICH | | | | 5 | 7 | 8 | 20 |
| DEUTSCHLAND X) | | | | 4 | 2 | 2 | 8 |
| JAPAN | | | | 3 | 4 | 2 | 9 |
| DDR 1968 - 1988 | | | | 2 | 3 | 2 | 7 |
| SCHWEIZ | | | | 2 | 1 | 0 | 3 |

| NORD. KOMBINATION | | | | | | | |
|---|---|---|---|---|---|---|---|
| LAJUNEN | Samppa | FIN | 1998 - 2002 | 3 | 2 | 0 | 5 |
| WEHLING | Ulrich | DDR | 1972 - 1980 | 3 | 0 | 0 | 3 |
| LUNDBERG | Fred Börre | NOR | 1992 - 1998 | 2 | 2 | 0 | 4 |
| GOTTWALD | Felix | AUT | 2002 - 2006 | 2 | 1 | 3 | 6 |
| VIK | Bjarte Engen | NOR | 1994 - 1998 | 2 | 1 | 1 | 4 |
| KONO | Takanori | JAP | 1992 - 1994 | 2 | 0 | 1 | 3 |
| OGIWARA | Kenji | JAP | 1992 - 1994 | 2 | 0 | 0 | 2 |

| NATIONEN | | | | | | | |
|---|---|---|---|---|---|---|---|
| NORWEGEN | | | | 11 | 8 | 7 | 26 |
| FINNLAND | | | | 4 | 8 | 2 | 14 |
| DEUTSCHLAND X) | | | | 4 | 4 | 2 | 10 |
| DDR 1968 - 1988 | | | | 3 | 0 | 4 | 7 |
| ÖSTERREICH | | | | 2 | 2 | 6 | 10 |
| JAPAN | | | | 2 | 1 | 0 | 3 |

X) 1956-1964 GESAMTDEUTSCHE MANNSCHAFT

# NORDISCHE MEDAILLEN
## BILANZ 1924–2006

| LANGLAUF | | | | GOLD | SILBER | BRONZE | GESAMT |
|---|---|---|---|---|---|---|---|
| DAEHLIE | Björn | NOR | 1992 - 1998 | 8 | 4 | 0 | 12 |
| JEGOROWA | Ljubow | RUS | 1992 - 1994 | 5 | 3 | 0 | 8 |
| LASUTINA | Larissa | RUS | 1992 - 1998 | 5 | 1 | 1 | 7 |
| ALSGAARD | Thomas | NOR | 1994 - 2002 | 5 | 1 | 0 | 6 |
| SMETANINA | Raissa | URS | 1976 - 1992 | 4 | 5 | 1 | 10 |
| JERNBERG | Sixten | SWE | 1956 - 1964 | 4 | 3 | 2 | 9 |
| KULAKOWA | Galina | URS | 1968 - 1980 | 4 | 2 | 2 | 8 |
| SVAN | Gunde | SWE | 1984 - 1988 | 4 | 1 | 1 | 6 |
| HOFFMANN | Christian | AUT | 1998 - 2002 | 1 | 0 | 1 | 2 |

| NATIONEN | | | | | | | |
|---|---|---|---|---|---|---|---|
| NORWEGEN | | | | 30 | 34 | 23 | 87 |
| SOWJETUNION 1952-1988), EUN 1992 | | | | 28 | 24 | 24 | 76 |
| SCHWEDEN | | | | 24 | 15 | 17 | 56 |
| FINNLAND | | | | 19 | 22 | 30 | 71 |
| RUSSLAND | | | | 12 | 6 | 6 | 24 |
| ÖSTERREICH | | | | 1 | 2 | 2 | 5 |

| BIATHLON | | | | | | | |
|---|---|---|---|---|---|---|---|
| BJÖRNDALEN | Ole Einar | NOR | 1998 - 2006 | 5 | 3 | 1 | 9 |
| GROSS | Ricco | GER | 1992 - 2006 | 4 | 3 | 1 | 8 |
| FISCHER | Sven | GER | 1994 - 2006 | 4 | 2 | 2 | 8 |
| TICHONOW | Alexander | URS | 1968 - 1980 | 4 | 1 | 0 | 5 |
| WILHELM | Kati | GER | 2002 - 2006 | 3 | 3 | 0 | 6 |
| PERNER | Wolfgang | AUT | 2002 | 0 | 0 | 1 | 1 |

| NATIONEN | | | | | | | |
|---|---|---|---|---|---|---|---|
| DEUTSCHLAND X) | | | | 15 | 20 | 9 | 44 |
| SOWJETUNION 1952-1988, EUN 1992 | | | | 11 | 7 | 7 | 25 |
| NORWEGEN | | | | 9 | 9 | 6 | 24 |
| RUSSLAND | | | | 7 | 3 | 6 | 16 |
| ÖSTERREICH | | | | 0 | 0 | 1 | 1 |

X) 1956-1964 GESAMTDEUTSCHE MANNSCHAFT

# EISHOCKEY MEDAILLEN
## BILANZ 1920–2006

| | | | GOLD | SILBER | BRONZE | GESAMT |
|---|---|---|---|---|---|---|
| TRETJAK | Wladislaw | URS | 3 | 1 | 0 | 4 |
| CHOMUTOW | Andrei | URS | 3 | 0 | 0 | 3 |
| DAWYDOW | Witali | URS | 3 | 0 | 0 | 3 |
| FIRSOW | Anatoli | URS | 3 | 0 | 0 | 3 |
| KUSKIN | Wiktor | URS | 3 | 0 | 0 | 3 |
| RAGULIN | Alexander | URS | 3 | 0 | 0 | 3 |
| KRAWTSCHUK | Igor | URS | 2 | 1 | 1 | 4 |

| NATIONEN (MIT FRAUEN 1998 - 2006) | | | | | | |
|---|---|---|---|---|---|---|
| KANADA | | | 9 | 6 | 1 | 16 |
| SOWJETUNION 1952 - 1988 + EUN 1992 | | | 8 | 1 | 1 | 10 |
| USA | | | 3 | 8 | 2 | 13 |
| SCHWEDEN | | | 2 | 3 | 5 | 10 |

# EISSCHNELLLAUF MEDAILLEN
## BILANZEN 1924–2006

| EISSCHNELLLAUF | | | | | | | |
|---|---|---|---|---|---|---|---|
| SKOBLIKOWA | Lidija | URS | 1960 - 1964 | 6 | 0 | 0 | 6 |
| PECHSTEIN | Claudia | GER | 1992 - 2006 | 5 | 2 | 2 | 9 |
| THUNBERG | Clas | FIN | 1924 - 1928 | 5 | 1 | 1 | 7 |
| BLAIR | Bonnie | USA | 1988 - 1994 | 5 | 0 | 1 | 6 |
| HEIDEN | Eric | USA | 1980 | 5 | 0 | 0 | 5 |
| BALLANGRUD | Ivar | NOR | 1928 - 1936 | 4 | 2 | 1 | 7 |
| GRISCHIN | Jewgeni | URS | 1956 - 1964 | 4 | 1 | 0 | 5 |
| KOSS | Johann Olav | NOR | 1992 - 1994 | 4 | 1 | 0 | 5 |
| ENKE | Karin | DDR | 1980 - 1988 | 3 | 4 | 1 | 8 |
| NIEMANN | Gunda | GER | 1992 - 1998 | 3 | 4 | 1 | 8 |
| HUNYADY | Emese | AUT | 1992 - 1994 | 1 | 1 | 1 | 3 |

| NATIONEN | | | | | | | |
|---|---|---|---|---|---|---|---|
| USA | | | | 28 | 20 | 15 | 63 |
| NORWEGEN | | | | 25 | 28 | 26 | 79 |
| SOWJETUNION 1952-1988, EUN 1992 | | | | 24 | 18 | 19 | 61 |
| NIEDERLANDE | | | | 24 | 28 | 23 | 75 |
| ÖSTERREICH | | | | 1 | 2 | 3 | 6 |

# EISKUNSTLAUF MEDAILLEN
## BILANZ 1908–2006

| | | | | GOLD | SILBER | BRONZE | GESAMT |
|---|---|---|---|---|---|---|---|
| GRAFSTRÖM | Gillis | SWE | 1920 - 1932 | 3 | 1 | 0 | 4 |
| HENIE | Sonja | NOR | 1928 - 1936 | 3 | 0 | 0 | 3 |
| BRUNET | Andree | FRA | 1924 - 1932 | 2 | 0 | 1 | 3 |
| BRUNET | Pierre | FRA | 1924 - 1932 | 2 | 0 | 1 | 3 |
| BELOUSSOWA | Ludmilla | URS | 1964 - 1968 | 2 | 0 | 0 | 2 |
| BUTTON | Richard | USA | 1948 - 1952 | 2 | 0 | 0 | 2 |
| PROTOPOPOW | Oleg | URS | 1964 - 1968 | 2 | 0 | 0 | 2 |
| SCHÄFER | Karl | AUT | 1932 - 1936 | 2 | 0 | 0 | 2 |
| WITT | Katarina | DDR | 1984 - 1988 | 2 | 0 | 0 | 2 |

| NATIONEN | | | | | | | |
|---|---|---|---|---|---|---|---|
| SOWJETUNION 1952-1988, EUN 1992 | | | | 14 | 10 | 6 | 30 |
| USA | | | | 13 | 15 | 16 | 44 |
| RUSSLAND | | | | 11 | 7 | 1 | 19 |
| ÖSTERREICH | | | | 7 | 9 | 4 | 20 |
| GBR | | | | 5 | 3 | 7 | 15 |
| SCHWEDEN | | | | 5 | 3 | 2 | 10 |
| DEUTSCHLAND X) | | | | 4 | 4 | 3 | 21 |

# SNOWBOARD MEDAILLEN
## BILANZ 1998–2006

| | | | | GOLD | SILBER | BRONZE | GESAMT |
|---|---|---|---|---|---|---|---|
| SCHOCH | Philipp | SUI | 2002 - 2006 | 2 | 0 | 0 | 2 |
| RUBY | Karine | FRA | 1998 - 2002 | 1 | 1 | 0 | 2 |
| POWERS | Ross | USA | 1998 - 2002 | 1 | 0 | 1 | 2 |
| BLANC | Isabelle | FRA | 2002 | 1 | 0 | 0 | 1 |
| CLARK | Kelly | USA | 2002 | 1 | 0 | 0 | 1 |
| GRABNER | Siegfried | AUT | 2006 | 0 | 0 | 1 | 1 |
| KÖCK | Brigitte | AUT | 1998 | 0 | 0 | 1 | 1 |

| NATIONEN | | | | | | | |
|---|---|---|---|---|---|---|---|
| USA | | | | 5 | 4 | 5 | 14 |
| SCHWEIZ | | | | 5 | 1 | 2 | 8 |
| FRANKREICH | | | | 2 | 2 | 1 | 5 |
| ÖSTERREICH | | | | 0 | 0 | 2 | 2 |

X) 1956-1964 GESAMTDEUTSCHE MANNSCHAFT

# BOB – RENNRODEL – SKELETON MEDAILLEN
## BILANZ 1924–2006

| BOB | | | | GOLD | SILBER | BRONZE | GESAMT |
|---|---|---|---|---|---|---|---|
| GERMESHAUSEN | Bernhard | DDR | 1976 - 1980 | 3 | 1 | 0 | 4 |
| NEHMER | Meinhard | DDR | 1976 - 1980 | 3 | 0 | 1 | 4 |
| KUSKE | Kevin | GER | 2002 - 2006 | 3 | 0 | 0 | 3 |
| LANGE | Andre | GER | 2002 - 2006 | 3 | 0 | 0 | 3 |
| HOPPE | Wolfgang | GER | 1984 - 1994 | 2 | 3 | 1 | 6 |
| MONTI | Eugenio | ITA | 1956 - 1968 | 2 | 2 | 2 | 6 |
| APPELT | Ingo | AUT | 1992 | 1 | 0 | 0 | 1 |

| NATIONEN | | | | | | | |
|---|---|---|---|---|---|---|---|
| DEUTSCHLAND X) | | | | 10 | 6 | 8 | 24 |
| SCHWEIZ | | | | 9 | 10 | 11 | 30 |
| USA | | | | 6 | 6 | 6 | 18 |
| DDR 1968 - 1988 | | | | 5 | 5 | 3 | 13 |
| ÖSTERREICH | | | | 1 | 2 | 0 | 3 |

| RENNRODEL 1964 - 2006 | | | | | | | |
|---|---|---|---|---|---|---|---|
| HACKL | Georg | GER | 1988 - 2002 | 3 | 2 | 0 | 5 |
| BEHRENDT | Jan | GER. | 1988 - 1998 | 2 | 1 | 1 | 4 |
| KRAUSSE | Stefan | GER | 1988 - 1998 | 2 | 1 | 1 | 4 |
| ZÖGGELER | Armin | ITA | 1994 - 2006 | 2 | 1 | 1 | 4 |
| SCHMID | Manfred | AUT | 1968 | 1 | 1 | 0 | 2 |
| FEISTMANTL | Josef | AUT | 1964 | 1 | 0 | 0 | 1 |
| NEUNER | Doris | AUT | 1992 | 1 | 0 | 0 | 1 |

| NATIONEN | | | | | | | |
|---|---|---|---|---|---|---|---|
| DDR 1968 - 1988 | | | | 13 | 8 | 8 | 29 |
| ITALIEN | | | | 5 | 4 | 4 | 13 |
| DEUTSCHLAND X) | | | | 4 | 2 | 3 | 9 |
| ÖSTERREICH | | | | 3 | 4 | 4 | 11 |

| SKELETON 1928, 1948 und ab 2002 | | | | | | | |
|---|---|---|---|---|---|---|---|
| BIBBIA | Nino | ITA | 1948 | 1 | 0 | 0 | 1 |
| GIBSON | Duff | CAN | 2006 | 1 | 0 | 0 | 1 |
| HEATON | Jennison | USA | 1928 | 1 | 0 | 0 | 1 |
| SHEA | Jim | USA | 2002 | 1 | 0 | 0 | 1 |
| RAFFL | Martin | AUT | 2002 | 0 | 1 | 0 | 1 |

| NATIONEN | | | | | | | |
|---|---|---|---|---|---|---|---|
| USA | | | | 3 | 3 | 0 | 6 |
| KANADA | | | | 1 | 1 | 1 | 3 |
| ÖSTERREICH | | | | 0 | 1 | 0 | 1 |

X) 1956 - 1964 GESAMTDEUTSCHE MANNSCHAFT

# HÄUFIGSTE TEILNAHMEN AN OLYMPISCHEN WINTERSPIELEN

| | | | | | Gold | Silber | Bronze | |
|---|---|---|---|---|---|---|---|---|
| ABERNATHY | Anne | ISV | 1988, 1992, 1994, 1998, 2002, 2006 | RENNRODEL | 0 | 0 | 0 | 2006 nach Trainingssturz out |
| BEHLE | Jochen | GER | 1980, 1984, 1988, 1992, 1994, 1998 | LANGLAUF | 0 | 0 | 0 | Fahnenträger 1998 bei Eröffnung |
| COATES | Colin | AUS | 1968, 1972, 1976, 1980, 1984, 1988 | EISSCHNELLLAUF | 0 | 0 | 0 | Fahnenträger 1984 bei Eröffnung |
| DIXON | Michael | GBR | 1984, 1988, 1992, 1994, 1998, 2002 | BIATHLON | 0 | 0 | 0 | 1984 Start im Langlauf |
| EDER | Alfred | AUT | 1976, 1980, 1984, 1988, 1992, 1994 | BIATHLON | 0 | 0 | 0 | |
| ERIKSSON | Carl-Erik | SWE | 1964, 1968, 1972, 1976, 1980, 1984 | BOB | 0 | 0 | 0 | |
| HACKL | Georg | GER | 1988, 1992, 1994, 1998, 2002, 2006 | RENNRODEL | 3 | 2 | 0 | |
| HELMINEN | Raimo | FIN | 1984, 1988, 1992, 1994, 1998, 2002 | EISHOCKEY | 0 | 1 | 2 | |
| HUBER | Wilfried | ITA | 1988, 1992, 1994, 1998, 2002, 2006 | RENNRODEL | 1 | 0 | 0 | Doppelsitzer Gold 1994 |
| HUNYADY | Emese | AUT | 1984, 1988, 1992, 1994, 1998, 2002 | EISSCHNELLLAUF | 1 | 1 | 1 | Startete 1984 für Ungarn |
| KIRVESNIEMI | Marja-Li. | FIN | 1976, 1980, 1984, 1988, 1992, 1994 | LANGLAUF | 3 | 0 | 4 | 1994 älteste Med.-Gewinnerin |
| KIRVESNIEMI | Harri | FIN | 1980, 1984, 1988, 1992, 1994, 1998 | LANGLAUF | 0 | 0 | 6 | Einzige Einzel-Med. 1984 |
| PROCK | Markus | AUT | 1984, 1988, 1992, 1994, 1998, 2002 | RENNRODEL | 0 | 2 | 1 | Silber 1992 und 1994 |
| TSCHEPIKOW | Sergej | RUS | 1988, 1992, 1994, 1998, 2002, 2006 | BIATHLON | 2 | 3 | 1 | 1988-1992 für URS und EUN |
| WEISSENSTEINER | Gerda | ITA | 1988, 1992, 1994, 1998, 2002, 2006 | RENNRODEL | 1 | 0 | 1 | Gold 1994 |

# BESONDERHEITEN ZU DEN OLYMPISCHEN WINTERSPIELEN

| | | | | | | |
|---|---|---|---|---|---|---|
| JÜNGSTE TEILNEHMERIN | COLLEDGE | Cecilia | GBR | 1932 | EISKUNSTLAUF 8. Frauen | 11 Jahre 73 Tage |
| JÜNGSTER TEILNEHMER | HOFFMANN | Jan | DDR | 1968 | EISKUNSTLAUF 26. Herren | 12 Jahre 113 Tage |
| ÄLTESTE TEILNEHMERIN | ABERNATHY | Anne | ISV | 2006 | RENNRODEL (Sturz Training) | 52 Jahre 307 Tage |
| ÄLTESTER TEILNEHMER | KRONLUND | Carl August | SWE | 1924 | CURLING Silber | 58 Jahre 155 Tage |
| JÜNGSTE MEDAILLENGEWINNERIN | YOON-MI | Kim | KOR | 1994 | SHORTTRACK Staffel Gold | 13 Jahre 83 Tage |
| JÜNGSTER MEDAILLENGEWINNER | ALLEN | Scott | USA | 1964 | EISKUNSTLAUF Herren Gold | 14 Jahre 363 Tage |
| ÄLTESTE MEDAILLENGEWINNERIN | NOBLE | Cheryl | CAN | 2002 | CURLING Silber | 45 Jahre 148 Tage |
| ÄLTESTER MEDAILLENGEWINNER | KRONLUND | Carl August | SWE | 1924 | CURLING Silber | 58 Jahre 155 Tage |
| JÜNGSTE OLYMPIASIEGERIN | YOON-MI | Kim | KOR | 1994 | SHORTTRACK Staffel Gold | 13 Jahre 83 Tage |
| JÜNGSTER OLYMPIASIEGER | NIEMINEN | Toni | FIN | 1992 | SKISPRUNG Gold | 16 Jahre 259 Tage |
| ÄLTESTE OLYMPIASIEGERIN | SMETANINA | Raissa | EUN | 1992 | LANGLAUF Staffel Gold | 39 Jahre 354 Tage |
| ÄLTESTER OLYMPIASIEGER | WELSH | Robin | GBR | 1924 | CURLING Gold (Demo-Bewerb) | 54 Jahre 140 Tage |

# DIE PRÄSIDENTEN

| DIE IOC-PRÄSIDENTEN | |
|---|---|
| 1894 - 1896 | DEMETRIUS BIKELAS (GRE) |
| 1896 - 1925 | PIERRE DE COUBERTIN (FRA) |
| 1925 - 1942 | HENRI DE BAILLOT-LATOUR (BEL) |
| 1942 - 1952 | SIGFRID EDSTRÖM (SWE) |
| 1952 - 1972 | AVERY BRUNDAGE (USA) |
| 1972 - 1980 | LORD MICHAEL KILLANIN (IRL) |
| 1980 - 2001 | JUAN ANTONIO SAMARANCH (ESP) |
| 2001 - | JAQUES ROGGE (BEL) |

| DIE ÖOC-PRÄSIDENTEN | |
|---|---|
| 1908 - 1912 | BALDUIN GRÖLLER |
| 1912 - 1914 | Dr. OTTO HERSCHMANN |
| 1914 - 1919 | RUDOLF GRAF COLLOREDO-MANNSFELD |
| 1923 - 1929 | Prof. Dr. MARTIN HAUDEK |
| 1929 - 1938 | Dr. THEODOR SCHMIDT |
| 1946 - 1954 | Dr. JOSEF GERÖ |
| 1956 - 1969 | Dr. HEINRICH DRIMMEL |
| 1969 - 1972 | Dr. HEINZ PRUCKNER |
| 1972 - 1990 | KURT HELLER |
| 1990 - 2009 | Dr. LEO WALLNER |
| 2009 - | Dr. KARL STOSS |

## ROBERT SEEGER

Geboren 1941 in Graz. Ab 1965 im ORF-Landesstudio Steiermark; von 1973 bis 1991 dort Sportchef und seit Herbst 1991 Sport-Chefkommentator im ORF. Als Kommentator Teilnahme an 20 Olympischen Spielen. Auszeichnungen: Großes goldenes Ehrenzeichen des Landes, Romy, Sport-Oskar.

## PETER FRAUNEDER

Geboren 1967 in Wien. Seit 1993 arbeitet er bei Österreichs größter Tageszeitung, der »Kronen Zeitung«. Seine Spezialgebiete sind Ski- und Motorsport.

Bildnachweis:
Alle Fotos von der Pressebildagentur Votava außer:
S. 2, 3: Franz Neumayr/APA/picturedesk.com
S. 4: Karl-Josef Hildenbrand/EPA/picturedesk.com
S. 6: Franz Neumayr/APA/picturedesk.com
S. 8: Antonio Bat/EPA/picturedesk.com
S. 10: KYODO NEWS/Action Press/picturedesk.com
S. 19 o.: Mirko Guarriello/EPA/picturedesk.com
S. 30: Roland Schlager/APA/picturedesk.com
S. 31: Hans Klaus Techt/APA/picturedesk.com
S. 32: Barbara Gindl/APA/picturedesk.com
S. 33: Oliver Weiken/EPA/picturedesk.com
S. 40: Pressefoto Ulmer/ullstein bild/picturedesk.com
S. 50: Schlage/ullstein bild/picturedesk.com
S. 51: Klaus Titzer/picturedesk.com
S. 81: Ulrich Schnarr/APA-Archiv/picturedesk.com
S. 82: SMART TOM/Gamma/eyedea/picturedesk.com
S. 83: Robert Newald/APA/picturedesk.com
S. 96: Franco Debernardi/EPA/picturedesk.com
S. 97 o.: Matt Campbell/EPA/picturedesk.com
S. 97 u.: Valda Kalnina/EPA/picturedesk.com
S. 98: Kachel/ullstein bild/picturedesk.com
S. 102 o. l.: Dpa/APA/picturedesk.com
S. 102 o. r.: Hans Klaus Techt/APA/picturedesk.com
S. 102 u.: Klaus Titzer/picturedesk.com
S. 103 o.: Klaus Titzer/picturedesk.com
S. 103 u.: Olivier Hoslet/EPA/picturedesk.com
S. 104: Anonym/Imagno/picturedesk.com